抱朴

抱朴

方北辰 ◎ 著

吕布

汉末政坛的
狂舞者

上海古籍出版社

图书在版编目（CIP）数据

吕布：汉末政坛的狂舞者 / 方北辰著 . —上海：
上海古籍出版社,2024.5
（方北辰说三国）
ISBN 978 - 7 - 5732 - 1140 - 8

Ⅰ.①吕…　Ⅱ.①方…　Ⅲ.①吕布（？ -199）-传
记　Ⅳ.①K827=342

中国国家版本馆CIP数据核字（2024）第078268号

方北辰说三国
吕布：汉末政坛的狂舞者
方北辰　著

上海古籍出版社出版发行

（上海市闵行区号景路 159 弄 1-5 号 A 座 5F　邮政编码 201101）

（1）网址：www. guji. com. cn
（2）E-mail：guji1 @ guji. com. cn
（3）易文网网址：www. ewen. co

浙江临安曙光印务有限公司印刷

开本 787×1092　1/32　印张 8.75　插页 6　字数 146,000
2024 年 5 月第 1 版　2024 年 5 月第 1 次印刷
ISBN 978 - 7 - 5732 - 1140 - 8

K·3589　定价：58.00 元
如有质量问题，请与承印公司联系

自　序

　　古语说得好，开卷有益。而开卷读三国，纵观历史风云变幻，品味英雄奋斗人生，从而开阔眼界，领悟人生，增长智慧，提升能力，确实可以获益良多。

　　吕布，字奉先，东汉末年皇朝政坛上很不称职的操纵者之一，他是那时起兵割据群雄中最为剽悍无敌的"飞将"，曹操和刘备创业进程中最感棘手的死对头。

　　他绝对算得上是传统政治舞台上的异数，胯下是赤兔宝马，一身是戈壁风尘，突然之间从塞外草原跳上中央皇朝的政坛，开始一段极具草莽风格的摇滚表演。他时而凶相毕露，敢要义父大人的性命；时而浪漫多情，敢偷义父大人的侍从美女；时而许下婚事却又立马翻脸，绑了迎亲官员前去领取重赏；时而又义气张扬，如同后世黑社会的龙头大哥，弯弓搭箭出手解救自己的小弟。倘若没有他，不知道混世魔王董卓，还要在政坛上恣意横行到几时；因为有了他，又使得乱世英雄曹操，差一点就在濮阳城中被活捉生擒。

但是，他终归只是江湖绿林中的山大王，最为适合的表演场所，不是运筹帷幄依靠智商来说话的肃穆朝廷，而是斩将拔旗依靠骁勇来过招的血腥沙场。他尽管在割据群雄中拼杀了整整十年，依旧无法主宰自己的命运，最终还是在下邳城池的白门楼上，被一根轻飘飘的丝带，终结了他极具个性色彩的一生。

他对后世的最大启示是，人生在世要想做出一番成就，一定不能角色错位，否则很可能是幻梦一场。还有就是，即便行走在江湖之上，也还是要有一条诚信的底线，如果反复无常，唯利是图，轻则失去朋友的支持，重则招致别人以牙还牙的猛烈打击。

本书描绘了吕布角色错位、反复无常的人生悲剧，也记录了他驰骋疆场、箭不虚发的英武身姿，还有他带有绯闻色彩的有趣故事。总之，这是一个悲惨丧命的汉末政坛狂舞者。

除吕布之外，这一套系列作品还包括司马懿、袁绍、曹丕、刘备、孙权与陆逊的个人评传。每部评传的净字数，大多不超过 15 万字，属于便携式的"口袋书"。作品的基本定位，是具有坚实学术基础的大众化、通俗性读物。它不像史书《三国志》的文言表述那样艰深难懂，也不像小说《三国演义》那样多有虚构移植，失去历史的原真。我精心选取史学典籍的可靠素材，放手运用文学审美的生动笔法，二者有机结合，力求达到生动有趣、简明流畅、雅俗共赏、老少咸宜的既定水准。

作品针对的读者对象非常厂泛，不仅适合众多热爱中华悠久历史文化的读者，而且特别适合身处现今激烈竞争社会，非常想从三国英雄创业竞争中吸取有益借鉴的打拼群体和年轻一代。

全书内容的创意设计，突出特色有三：

一是注意入选对象的代表性。将近百年的三国历史，分为酝酿阶段与正式阶段。上述评传中的吕布、袁绍，是汉末割据群雄中的领头人物，属于三国酝酿阶段的代表；而曹丕、刘备、孙权，分别是曹魏、蜀汉、孙吴三个鼎立皇朝的开朝皇帝，属于三国正式阶段的代表；至于陆逊、司马懿，不仅本身都是出将入相的文武全才，而且两人的儿子即司马师、司马昭、陆抗，都是决定三个鼎立皇朝最终命运的关键性人物，所以属于三国中后期的代表。在他们的创业过程中，又与多位著名英豪发生了密切关系。把这批代表和英豪集中在一起，充分描绘他们各自在三国舞台上的亮丽表演，并给予中肯的精彩点评，所以全书堪称是三国英豪的表演大会。

二是注意入选对象的重要性。上述七位传主，都是各个阶段的主导性人物，风云际会，龙虎相争，他们对三国时期历史的走向和格局产生了巨大的影响。他们的经历又彼此关联，相互衔接，完整呈现出三国历史发展的主要脉络和重要图景，所以全书又堪称是三国历史的趣味读本。

三是注意文化与历史的有机结合。首先，在评传的正文中，随时注意结合历史事实，探求背后隐藏的文化玄机。比如介绍三国君主最初所选定的年号，即曹丕的"黄初"，孙权的"黄武"和"黄龙"，刘备的"章武"时，就对为何前面两者都带有"黄"字，而后面的刘备却不带"黄"字的奥妙，运用汉代流行的"五德终始"思想文化理念，做出了清晰而可信的解读。其次，又对需要专门介绍的文化知识，集中撰写了《三国知识窗》的七个专篇，即轶闻篇、风俗篇、文化篇、政体篇、概况篇、军事篇、人物篇，分别放在每册评传的附录当中，从而给读者提供更加丰富、系统、真实、有趣的三国文化知识。读者结合正文去读知识窗，反过来又再读正文，必定会有更多的新收获。

　　总之，这套作品属于一个有机的多维度整体：既是三国英豪的表演大会，也是三国历史的趣味读本，还是三国文化的知识窗口。具有如此创意设计的系列性读物，相信会得到广大三国历史文化爱好者的欢迎。

　　我在大学从事三国学术研究，并持续将学术成果进行大众化的普及，至今已超过 40 年。因为深知学术普及的重要，所以坚持不懈；又深知学术普及的不易，所以锐意求新。谢谢诸位关注这套作品，让我们讲好三国的故事，并且将之传播到世界。

　　百年三国风云史，尽在静心展卷中！

方北辰

公元 2023 年 5 月于成都濯锦江畔双桐荫馆

目录

第一章

并州猛士

　　话说一千七百余年前的东汉时代，中国全境分为十三个行政大区，当时叫作"十三州部"。京城洛阳（今河南省洛阳市东）所在的州，不称为州，特别称之为"司隶校尉部"。除了位于中心区域的司隶校尉部之外，北方有冀、兖、青、徐、幽、并、豫、凉八州，南方有荆、扬、交、益四州。这十三州部创设于西汉武帝时期，最初的性质只是监察区，由皇帝的特派使者巡察州内各个郡县，举报并惩治贪官污吏和地方黑恶势力。到了后来，监察区逐渐变成了具有实权的行政区，州长官从监察使者，变成治理民众的行政首脑，资历浅而功劳小者叫作"刺史"，资历深而功劳大者则叫作"牧"。

在京城洛阳的正北面是并州（并的读音同"冰"）。并州的辖境，最大时包括今山西省的大部、陕西省的北部和内蒙古自治区的南部，而行政中心即治所，长期设在汾河流域的晋阳县（今山西省太原市西南）。

并州的西北角上有一个五原郡，其行政中心设在九原县（今内蒙古自治区包头市西）。这九原县位于八百里河套平原之上，北枕阴山，南临黄河，东连幽燕，西通凉州，自来是塞上的军事重镇。当初秦始皇下令修筑的万里长城，即横亘在县北的阴山南麓。东汉初年，安定郡的三水县（今宁夏回族自治区固原县东北）人卢芳，在匈奴单于的支持下，割据塞上五个郡，称王又称帝，其都城就在九原。

九原虽是塞上重镇，然而秦汉时这里却没有出现过什么知名的人物，令人有"鱼龙寂寞秋江冷"的感触。到了东汉末年，终于有一名猛士，从九原县跳上了政治舞台的中央，打破了这种冷冷清清的局面。他在政治舞台上带有摇滚舞者风格的另类性表演，整整展示了十年：他亲手杀死了控制朝廷大权的混世魔王董卓，又差一点活捉了横扫北方的乱世奸雄曹操，还解救了以信义闻名天下的创业模范刘备，着实掀起了几阵大风大浪，以至于到了将近一千八百年后的今天，人们对他的名字仍然毫不陌生。这一名并州的猛士，就是本书的主人公吕布。

吕布，字奉先。关于他的先世，史籍中没有任何记载。魏晋时期最为重视门第，史家为人作传，其先辈如果曾任一官半职，通常都要记上一笔。史籍不提吕布的先世，可见他是出自普通的平民之家。

古时候在中国从政，有一个显赫的爷爷或爸爸，要占莫大的便宜。吕布没有这样的靠山，凭什么跳上政治舞台的中央呢？他所凭借的本钱，就是陈寿《三国志·吕布传》中所标明的两个字——"骁武"。

原来，这九原县乃是塞上要冲，秦汉以来屡受匈奴、鲜卑等大漠游牧民族铁骑的侵扰，当地居民必须在挥锄扶犁的同时，持刀引弓以自卫，方能生存下去，故而民风强悍，崇尚武勇。吕布从小在这样的环境中长大，成人之后武艺高强，膂力过人，驰马如飞，箭不虚发。他惯常使用的夺命兵器，是一杆寒光闪闪的百炼长矛，对阵之时上下翻飞，神出鬼没，所向无敌。时人因为他酷似西汉的"飞将军"李广，所以称他为"飞将"。

在此，我们要对吕布当时骑马冲杀时惯常所使用的夺命兵器，以及他那驰骋如飞的坐骑，作出如下的特别说明。后世的演义小说，因为吕布曾经在军营大门射戟以解救刘备，于是将他在马上惯常使用的兵器，认定为长戟，并且取了一个花哨的名字"方天画戟"。其实呢，长戟在当时确实有的，然而却非吕布惯常在马上所使用者，这在史书上有明文为证。《三国志·吕布传》裴松之注引《英雄记》记载，吕布与悍将郭汜单独在阵前进行生死对决，吕布"以矛刺中郭汜"，从而占据了上风。至于他的非凡坐骑，则是一匹塞北宝马，身躯高大，胸宽腿长，浑身红色而无杂毛，驰骋如飞，名叫"赤兔"。当时人们有两句赞颂的话，单表吕布的骁勇和赤兔的神骏，叫作"人中有吕布，马中有赤兔"，这倒在史书中找得到证据的。

东汉灵帝刘宏在位的中平年间，并州调来一位新刺史，此人姓丁，名原，字建阳。丁原出自贫寒之家，粗通文墨而已，全靠一身武艺，冲锋陷阵，出生入死，才从一个小小的县政府当差，晋升到号令郡县的刺史。他一到晋阳的州政府上任，就在当地访求勇武之士，作为自己的下属，并以他们充当骨干，招兵买马，组成一支精锐的地方军。丁原这样做的目的，从公的方面说，是要加强边塞地区的军事防卫，从私的方面说，则是想扩充个人的实力，当时正逢黄巾大起事之后，汉家天下已经呈现分崩离析之势。乱世要以实力来称雄，行伍出身的丁原难道还不懂得这一点吗？

丁原在并州访求的勇武之士中，后来出了名的有三人。第一人就是有"飞将"之称的吕布。第二人姓张，名杨，字稚叔，乃云中郡云中县（今内蒙古自治区托克托县东北）人氏。他与吕布关系亲密，后来也是称雄一时，官拜大司马。第三人也姓张，名辽，字文远。乃雁门郡马邑县（今山西省朔州市）人氏。他早年曾追随吕布，吕布败亡后又转投曹操，成为曹操手下异姓五虎上将之首。合肥一战，他亲率八百壮士击破孙权十万大军，差一点在逍遥津把孙权活捉生擒。

东汉少帝刘辩光熹元年（189年）七月的一天，并州大地正是暑热蒸腾之时。在首府晋阳县向南通向京城洛阳的大路上，车辚辚，马萧萧，一支约五千人的官军日夜兼程，向南疾驰。

在这支队伍中间，一百多名骑马侍卫簇拥着两员将官。已过中年的那一位，头戴两侧插有黑色鹖鸟尾的武将冠帽，身穿纱縠质料的夏季官服，胯下骑一匹白色塞北骏马，他不是别人，就是军队的指挥官丁原。丁原旁边那位披铁甲、提长矛、骑红马的青年军官，则是丁原的下属吕布。

队伍先是沿着汾水南下，中途折向东南，取道壶口关（今山西省长治市东），越过羊头金山（今山西省高平县北），直出天井关（今山西省晋城市南），五六天中急行军八百里，来到司隶校尉部所属的河内郡（治所在今河南省武陟县西）地界。这里已是黄河北岸，一渡过黄河，就进入京城洛阳的郊区了。

吕布根据丁原的指令，部署军队在黄河岸边的高敞之处安营扎寨，暂不渡河。当天夜里，吕布受命组织了七八支骑兵小分队，装扮成从东北方向黑山（今河南省鹤壁市东）之中流窜出来的土匪。东起孟津（今河南省孟州市西南），西至平阴（今河南孟津县东北），他们在这五六十里路长的黄河北岸，开始打家劫舍，烧杀抢掠，一连几天，夜夜如此。每夜出动之前，吕布都要向骑兵发出三条指示：第一条是财物不求抢得多，火却一定要放得大。究竟要多大呢？三十里开外的洛阳城中能够望见火光才算合格。第二条是绝不能暴露官军的身份，要公开向老百姓声称："老子们是黑山上面杀下来发财的大爷！"第三条是保持行踪的秘密，黎明之前，一定要回转大营。这三条指示一下，洛阳北面夜夜哭声动地，火光冲天，黑山军杀到的惊人消息，很快就传遍了全城。

作为刺史的丁原算是名副其实的州官，那么这位州官何以会跑到京城附近去放火抢人呢？此事说起来话长。

原来，就在这一年的上半年，四月十一日丙辰，昏庸无道的汉灵帝刘宏，因为荒淫过度，在洛阳皇宫九龙门内的嘉德殿，一命呜呼，死时仅三十四岁。三天之后的十四日戊午，刘宏十四岁的儿子刘辩，被扶上天子宝座，是为少帝，年号改称"光熹"。小皇帝乳臭未干，无法亲理万机，便由其生母何氏，以皇太后的身份临朝听政。至于具体的政事办理，则由辅佐朝政的大将军何进负责。这个何进，字遂高，乃荆州南阳郡宛县（今河南省南阳市）人氏。他出自屠牛宰羊之家，是何太后的异母哥哥，小皇帝的舅父。

　　何进身任辅政大臣之后，立即面临一道必须解答的政治难题，即如何处置长期以来祸害国家扰乱政治的宦官势力？

　　东汉一朝的宦官，等级高低不同，有中常侍、小黄门、黄门令、黄门署长、中黄门冗从仆射、中黄门、掖庭令、永巷令、御府令、祠祀令、钩盾令等官称。名目虽然繁多，其职责却大致相同，即为皇帝的生活起居服务。论理说，他们只能照管皇帝的吃、喝、拉、撒、睡和玩，而不能干预朝廷的军政事务。即使是其中地位最高而且与皇帝关系最密切的中常侍，按照史籍所言，其任务也只管"掌侍左右，从入内宫，赞导内众事，顾问应对给事"，也就是充当皇帝的侍从兼顾问，并无亲自动手处理军政的实际权限。但是，自从东汉中期之后，宦官干政乱政的现象却愈演愈烈。特别是汉桓帝刘志、汉灵帝刘宏这两个昏庸加腐败的双料混蛋皇帝，最为宠信宦官。宦官不仅可以封侯佩印，而且还能控制枢机，掌握兵马。宦官势力之大，按照范晔《后汉书》中的描述，是"举动回山海，呼吸变霜露。曲旨阿求，则光宠五族；直情忤意，则参夷五宗"。然而范晔的描述，也还不如汉灵帝刘宏自己的话来得生动，刘宏在位时委任了十二名中常侍，领头的两人叫作张让、赵忠，刘宏动辄说："张常侍是我公，赵常侍是我母。"至尊至贵的天子，都自认为是宦官的干儿子，宦官的权势如何嚣张，也就可想而知了。

汉灵帝刘宏咽气之后，以张让、赵忠为首的宦官势力依旧存在，这对于辅佐朝政的何进而言，无疑是一个潜在的大威胁。在此之前，曾执掌东汉朝政而被宦官诛灭了满门的外戚，已经不止一家。汉和帝刘肇时，宦官郑众出谋划策，杀了大将军窦宪及其亲属，而窦宪是窦太后的老哥，汉和帝的舅父。汉安帝刘祜驾崩，又有孙程等十九名宦官挥起屠刀，斩了车骑将军阎显，而阎显是汉安帝皇后之兄。到了汉桓帝刘志在位之际，单超等五名宦官，一齐向梁皇后的哥哥大将军梁冀动了手，梁家男女老少上百颗人头落了地，三十万万钱的家产充了公。汉灵帝最初登基时，由窦太后的父亲大将军窦武辅政，窦武很快又着了宦官的道儿，死于非命。这一连串血淋淋的往事，使何进一想起来就头皮发紧，心中发虚。他与心腹下属密商之后，决定亲自入宫向妹子禀告，请求把宦官从皇宫之中全部清除出去，另选一批德才兼备的读书人进宫接替其工作。

不料何太后一听就坚决反对，她认为宦官服务宫廷是汉家旧制，岂能随便更改？再说自己年轻守寡，怎么能与生理结构完全正常的男性读书人面面相对、朝夕共处呢？何进说得唇焦口燥，也没法使妹子回心转意，垂头丧气出宫回府。就在他一筹莫展之时，有人向他秘密进献了一条他认为奇妙无比的计策。

这条计策的内容，可以用"调强兵以逼弱女"七个字来形容。具体来说，就是由何进秘密下令征调几员镇守地方的猛将，率领精兵赶到京城地区，让他们放出话来，将要动手收拾宦官以清除君侧；必要时还可以扮作土匪流寇，在京城郊外烧杀抢掠一番，说这是被宦官们逼的，朝廷不除宦官，他们就不会收手；那何太后是女流之辈，既生性胆小，又对深宫之外的情形不甚清楚，听到消息必定惊恐万分，自然会点头同意清除宫内的宦官了。

何进听了大喜，立即依计而行，当下秘密发出四道征兵入京的文书，调来了四支精锐军队。

从东面驰来的有两支人马，一支来自兖州的泰山郡（治所在今山东省泰安市），领兵将领是何进的幕僚王匡；另一支来自兖州的东郡（治所在今河南省濮阳县南），领兵将领是东郡太守桥瑁。

从西北面河东郡（治所今山西省夏县西北）赶到的，是一支由凉州（治所在今甘肃省张家川自治县）人组成的骄兵，其领兵将领是混世魔王一般的悍将董卓。

至于从北面并州驰来的，便是由丁原指挥的这支铁骑兵团了。

丁原接到何进密令，立即调集兵马南下。此时，丁原已改任武猛都尉的军职，他让自己最为亲信的吕布，当了军府之中的主簿。这主簿乃是统兵将领的重要僚属，不仅参谋军机，而且总办府中的文书事务。吕布随丁原赶到河内郡地界，立即按照何进的指示，假扮成从黑山之上流窜下来的土匪，抢人放火，还使用"黑山伯"的署名，给朝廷送去一封上书，强烈要求朝廷清除宦官赵忠等人。于是，便出现了上文所描述的一幕。

吕布在黄河北岸起劲地放火，董卓也从京城西面给朝廷上了一道杀气腾腾的表章，声讨宦官的罪恶。但是可惜得很，这一切并没有收到预期的效果。何太后依然不同意清除宦官。

这也难怪，她出自屠宰之家，雪亮的刀，鲜红的血，那是见得多了，再加上宦官们暗自给她的生母和胞兄何苗，孝敬了不少的财物，所以她根本不吃何进的这一套。

何进几经犹豫之后，一面继续苦劝妹子，一面做好与宦官最后摊牌的准备。主要措施，就是把自己信得过的人安插到关键性的职位上。

首先是安排袁绍出任司隶校尉。袁绍，字本初，乃豫州汝南郡汝阳县（今河南省周口市西南）人氏。东汉时中央皇朝的最高一级官员，是太尉、司徒、司空，合称"三公"。汝南袁氏，有四代人做过三公，门生和部卜遍于天下，是当时数一数二的高门名家。袁绍进入政界不久，即成为何进最为信任和倚重的人物，每遇大事必与之商量对策。袁绍出于自身家族利害上的考虑，同时也企图一举建立盖世奇功，所以一直尽力策动何进彻底诛灭宦官，上述"调强兵以逼弱女"的主意，就是他提出来的。

何进为什么要让袁绍担任司隶校尉的职务呢？原来，这司隶校尉的职责，不仅要治理本州的民事，而且要监督、纠举并且处置京内朝廷百官以及京城附近地区行政官员中的违法乱纪者，所以宫廷宦官也在他的监督范围之内。远的不说，就在汉灵帝之时，一位叫作阳球的干员出任司隶校尉，他一上任便把为非作歹的专权宦官王甫父子，以及附从王甫的太尉段颎收监下狱。经过严刑拷打，王甫父子死在刑棍之下，身为三公的段颎服毒自杀。何进让力主铲除宦官的袁绍出任司隶校尉，就是想让他在必要时效法阳球，对宦官大开杀戒。

其次是委派王允担任河南尹。王允，字子师，乃并州太原郡祁县（今山西省祁县东南）人氏。他出自世代为官之家，从年轻时起就仇恨乱政的宦官，因而遭到"天子老爹"张让的陷害，幸亏大将军何进等出面营救，才免于一死。此后王允即成为何进的心腹幕僚，参与机密。此次何进派他出任河南尹，意在加强京城地区的控制，从而与袁绍配合，因为河南尹者，乃京城所在郡之行政长官也。

袁绍和王允二人，今后都将与本书的主人公吕布发生非同一般的关系，所以先在此略作如上的交代。

何进还有一项相当重要的安排，就是调动吕布的上司丁原进京，担任执金吾。这"执金吾"三字的解释，可谓众说纷纭。有的说"金吾"是两端涂金的铜棒，任此职务的官员手持铜棒，以示权威，很像大闹天宫的孙行者一般。有的说非也，"吾"字应当读成防御的"御"，意指此官手握金属武器以防御不测。还有的说"金吾"是一种鸟，此鸟可以去除不祥，保佑平安。名称上的解释虽有上述分歧，但都提示这一官职具有保卫之责。如果用现代官职来作比方，执金吾大致相当于首都公安局的局长。其具体的职责，除维持社会治安之外，最要紧的有两项：其一是负责皇宫外围的巡查保卫，其二是把守中央武器库。由可靠的人当了执金吾，你宦官要想作乱的话，由于受到规矩所限，本人出不了皇宫，只有通过他人与皇宫外面进行联络。而你一旦进行联络，我就通过执金吾得知消息，可以及时采取措施。即使你能够鼓动得起人，也得不到武器。何进调动手握精兵的丁原入京担任执金吾，其用意即在于此。

丁原在黄河北岸接到朝廷的任命文书，立即吩咐吕布传令全军：收拾行装，启程进京！当天队伍即渡过黄河，翻越北邙山，浩浩荡荡进入洛阳城。

吕布骑在高头大马之上，环顾鳞次栉比的房屋，雄伟高峻的城楼，心中充满兴奋。他并没有意识到：自己已经踏上东汉政治舞台的阶梯，为期十年的政治表演就要开始了。这正是：

皆因冥冥机缘错，猛士京城上舞台。

要想知道吕布登上京城的政治舞台，是以怎样的不同脸孔出现，又有什么极其另类的一番唱念做打表演，请看下文分解。

第二章

改换门庭

东汉的京城洛阳，其实在东汉光武帝刘秀时，就已改称为"雒阳"，直到魏文帝曹丕登基后，才被改了回来，依旧叫作"洛阳"。刘秀为何要改，曹丕又为何要改回来，这当中牵涉到的政治文化理念动因，本系列的《曹丕：文豪天子的清平调》第十七章中就有详细的介绍，读者可以参看。为了阅读方便，本书就统一称之为洛阳。

洛阳是当时中华全国乃至世界东方最为繁华的大都会。作为五千万国民心向往之的首都，其城垣南北长九里，东西宽六里，有城门十二座，通衢大街二十四条。城中心与北区为皇宫所在。东区有马市和小市，西区有金市和大市，南郊有鱼市和专门接待境外来宾的"四夷馆"。城中的在册居民接近十万户，单是南郊的全国最高学府——太学，兴盛之时即有四方学子三万余人之多，堪称是中国最早的万人大学了！洛阳在城市的宏伟和经济的繁荣上雄冠天下，四方商贾辐辏，每逢良辰佳节，长街之上，真可谓"车毂击，人肩摩，连衽成帷，挥汗成雨"，热闹之极！虽然在东汉末年，由于桓、灵二帝大肆挥霍，贪官污吏残酷搜刮，这座曾经是花团锦簇的城市，已经呈萧条衰落之态，不过瘦死的骆驼也比马大，帝都的规模气象，依然使得吕布这个来自边塞草原的武夫，心灵受到强烈的震撼。

　　但是，使他更受震撼的，是进城之后紧接着发生的一场政治大变故。

　　这一年的八月二十五日戊辰，大将军何进匆匆来到皇宫的南宫嘉德殿，求见妹子何太后，恳请太后下诏诛杀宦官。就在他与妹子告辞之后走出殿堂时，宦官首领张让，率领数十名手持武器的青年宦官，突然从两侧冲出，把何进拥到殿前的玉阶之下，一阵乱剑将其砍死。

　　何进的部将吴匡、张璋，最先得到长官惨遭杀害的消息，二将立即点起大将军营的数千兵马，并会同其他将领，一起进攻何太后与皇帝所居住的皇宫南宫，要求交出杀人凶手。平素警卫森严的皇宫门外，顿时刀戟林立，金鼓齐鸣，变成一座可怕的战场！

张让等人得到报告，连忙部署皇宫内的警卫人员拒守。同时，趁着暮色渐浓，他与大宦官们带上小皇帝刘辩和皇弟刘协，从南宫北面的复道逃到了北宫。原来，东汉京城洛阳北面的皇宫，由南宫、北宫两大部分组成，二宫之间有不大的距离，其间使用复道连接。所谓的"复道"，又叫作阁道，就是现今的空中走廊。

张让等人逃到北宫之后，司隶校尉袁绍才知道宫内出了大变故。他马上率领家兵，连同司隶校尉府的卫队，直奔北宫的南大门而来。刚到南大门的朱雀阙下，就迎头碰上趁乱打开南宫小门逃出的中常侍赵忠等人。袁绍不由分说，先就是一阵乱刀，把这个擅权多年的"天子老娘"砍成肉酱，然后挥兵攻打北宫的南大门。

眼看大难临头，麇集在北宫的宦官们纷纷出逃。他们哪里知道，北宫已经被袁绍等人的兵马包围，宦官跑出去就被捉住，捉住当场就被处死，无一幸免。当时宦官的特征是脸上没有胡须，士兵们都认准下巴上光光的男人开刀，以致有的本非宦官的无须男子，也冤枉当了刀下之鬼。稍后人们才猛然醒悟：宦官是割除了外阴生殖器官的！所以被误抓之男子，赶忙脱下裤子显露那救命的证据。然而就是这样，在不到两天的时间里，也有两千多人的头颅落地，宫墙之外的街道上，死尸狼藉，遍地血红！

八月二十七日庚午，袁绍的兵马首先攻破北宫的南大门，进入北宫的承明堂。张让等数十名幸存的宦官，急忙背负刘辩、刘协兄弟，悄悄从北宫北面的一道小门溜出皇宫。这北宫的北墙，距离洛阳城的北城墙不远，所以张让等人逃出皇宫之后，很快就慌忙从城北的城门即谷门步行出城，直奔北面三十多里处的黄河渡口——小平津。

袁绍等人闻讯，立即率领轻骑急追。当夜，走投无路的宦官，全部投入滔滔黄河自杀。擅权干政将近百年之久的东汉宦官势力，至此彻底被消灭。

八月二十八日辛未的清晨，朝廷的公卿大臣，一同赶往城北二十多里处的北邙山南麓去恭迎圣驾。十四岁的小皇帝刘辩，带着九岁的弟弟刘协，在漆黑的荒野中摸索着走了一夜，直到这时才在官员们的簇拥之下回转了皇宫。

持续了三天三夜的大动乱结束之后，身为执金吾的丁原，在吕布的协助之下，忙着加强皇宫周围的警卫，维持大街小巷的秩序，缉拿趁机打劫的乱兵和地痞。好在丁原随身带来了几千并州的精兵，所以还能应付眼前的紧张局面。

皇帝回宫的第二天，吕布陪丁原出外巡察，鼓乐声中，仪仗队首先出发。汉代的高级官员外出，均按规定由仪仗队充当前导和护卫，而仪仗队员的多少则互不相同。在京城的高官中，仪仗队最为壮观的就要数执金吾了。据史籍记载，三公九卿的仪仗队，最多的有百把人，一般仅几十人，但是执金吾出行时，最前面就有二百骑兵，接着又有五百二十名持戟的步兵，鼓乐齐鸣，衣饰光鲜，当时的老百姓无不啧啧赞叹。东汉的开国皇帝刘秀在没有发迹之先，到当时西汉的京城长安看见过一次执金吾出行，不禁叹息说："仕宦当作执金吾！"意思是说，当官就要当执金吾才够气派过瘾！而丁原此次巡察，除了前面开路的仪仗队外，专车之后还跟随了数以千计的并州兵马，声势又比一般的执金吾出行时大多了。

坐在专车中的丁原踌躇满志，骑马在车侧侍从的"飞将"吕布，俯视着道路两旁的凡夫俗子，不免也有几分自豪。他俩哪里想得到，就在街道的另一端，有一个人正在打他们这支并州军的主意呢？

敢打这个主意的不是别人，即是与丁原同时进入京城的董卓。

董卓，字仲颖，乃凉州陇西郡临洮县（今甘肃省岷县）人氏。其人生得身材魁梧，膂力过人，更兼擅长骑射，能在飞驰之中左右开弓，箭无虚发。他少年从军，凭着一身超群的武艺，再加上杀人不眨眼的凶残，在军中一步步爬了上来，最后当上了前将军。东汉皇朝的军职，从高到低分为将军、中郎将、校尉、都尉四大类。在将军之中，以大将军居首，以下依次为骠骑将军、车骑将军、卫将军、前将军、后将军、左将军、右将军，以及名目繁多的杂号将军等。自右将军以上，就都属于高级的将领了。

丁原卸任并州刺史之后，朝廷派遣董卓继任并州牧。董卓接受任命后并没有前往并州，却统领着三千凉州子弟兵，驻扎在京城以西四百里处的河东郡（治所在今山西省夏县西）境内，静观朝廷政局的变化。当他接到何进要他领兵进京的密令时，认为在政治上大捞一把的机会已到，立即挥兵上路，兼程东下。

八月二十八日辛未，董卓与公卿大臣一起，在北邙山下迎接小皇帝刘辩兄弟回宫。看到这两个惊魂未定而且除了寡母之外毫无依靠的黄毛孺子，董卓不禁野心急剧膨胀，他要趁此千载难逢的良机，把号令天下的朝廷大权抓到自己手中！

　　控制朝政要有军事实力作后盾，出身行伍的董卓对这一点非常清楚。但是一想到自己的军事实力，他就不禁要苦笑摇头。自己现今所统领的凉州子弟兵，虽说是久经沙场，能征惯战，但人数不过区区三千而已。这支军队放在一郡一县，无疑是能够震慑一切的力量，然而在赫赫皇都，就不足以左右局势了。进京以后，为了显示自己的兵力强盛，他还要耍出一点花招来吓唬老百姓：夜深人静时，下令抽调一批将士，趁黑夜悄悄分散溜出城去，等到天色大亮，再集合整队，摇旗击鼓，浩浩荡荡开进城来，并且声言自己是从凉州调来的董卓援军。如此这般，耍了好多次，倒还糊弄了不少的平民百姓，以为董卓真的有强大后援。不过时间久了也难免露馅，再说虚张起来的声势，也当不得真刀真枪。思前想后，他认定扩充实力是当前最急迫的大事。于是，他立即派人在京城之内，大力招收原来属于何进、何苗兄弟指挥而现在却群龙无首的散兵游勇。今天董卓在长街之上的另一端，看到丁原这支精兵劲旅，一个念头有如电光石火在心中闪过：为何不把丁原这支并州的人马吞并了呢？

念头既已出现，接下来便考虑吞并的具体手段。采用武力夺取，恐怕只能打成平手，唯一可行的办法是智取，于是董卓想起了一个人，即是丁原的心腹下属吕布。

进入京城之后，因为军队间的联络问题，董卓已经与吕布有过见面接触。经过仔细观察，董卓看出吕布性格贪婪，做事轻率，是一个可能争取到的对象。他决定以厚利作诱饵，试钓吕布这条人鱼。

于是，董卓立即派出可靠的说客，给吕布悄悄送去一笔财物厚礼。在欢谈之际，说客一再强调董卓对吕布器重之至，并含蓄地表示：如果吕布能带着丁原的脑袋去投靠董卓，董卓将首先让吕布当上朝廷正式的命官，不久再加官晋爵，从此步步高升，鹏程万里。

吕布听了心中一动，但是他并没有明确表示态度，还说了些丁大人待我恩重如山，我不忍背弃之类的话。说客离去之后，他开始陷入沉思之中。

回想自己追随丁原以来，进入府署则总办文书，出了府署则部署军务，职责繁重，工作辛劳。然而说到地位，始终只是主官的下属和幕僚，工作的成绩再好，也不过是为别人脸上贴金而已。何况丁原升任执金吾的要职之后，对自己也没有什么特别的表示。难道我就一辈子忠实地追随他，永远做他的下属和幕僚，不能够自立门户了吗？大丈夫要想做一番事业，就顾不得忠厚仁义这些了。就算我不杀丁原，别人也可能替董卓办这件事，与其让别人得利，还不如我自己动手。即使董卓的许诺兑不了现，至少我还可以取代丁原，控制大部分的并州将士，手中握有强兵，还怕得不到朝廷的高官厚禄？改变境遇，就在此时了！

打定了主意，吕布立即准备动手。当夜，丁原与吕布在执金吾府署的内堂密室议事，这种两人相对的情况以往多的是，所以丁原根本没有想到面前的吕布暗藏杀机。吕布乘丁原转身之际，猛然抽出腰间佩剑，手起剑落，当场把丁原砍死。

吕布转身走出内堂，提着血淋淋的宝剑，厉声宣布丁原已经死亡。府内的文官武将，有的是吕布的亲信与同党，有的则是被他以钱财收买，有的更是惧怕他的骁勇无情，所以没有产生什么骚动。吕布部署心腹控制了丁原的军队，然后割下丁原的头颅，带着卫队向董卓的驻地疾驰而去。

当时京城洛阳的驻军，真正曾经攻城野战打过硬仗的，就是董卓的凉州军，丁原的并州军，以及何进、何苗兄弟当初指挥的兵马了。董卓先已把何氏兄弟的部属招收到麾下，现在吕布又带并州军前来投奔，兵力迅速扩大到上万人，所以史籍说是至此"京都兵权唯在卓",意思是董卓完全控制了京城洛阳的兵权。

董卓没有食言,他见到丁原的脑袋后,马上向朝廷推荐吕布。朝廷的衮衮诸公,虽然都对吕布的行为颇为不齿,但是一想到董卓手握强兵,心狠手辣,都不敢公然表示反对。于是朝廷次日发布正式任命文书,委任吕布为骑都尉。

这个骑都尉是个什么官呢?

当时皇帝的禁卫军中,有一支精锐的骑兵分队,名叫羽林骑兵。"羽林"二字,史书上的解释说,是取其"为国羽翼,如林之盛"的意思,即好比是护卫国家的羽毛翅膀,又像树林那样的茂盛。后世把皇帝禁卫军称作羽林军,其渊源即在于此。羽林骑兵队的任务,平常戍守皇宫,皇帝外出时充当护卫,其指挥官叫作羽林中郎将,而监督这支骑兵行动的长官,即是骑都尉了。

东汉官员的品级,在大将军和三公以下,从高到低分为中二千石、二千石、比二千石、一千石、六百石、比六百石、四百石、比四百石、三百石、比三百石、二百石、比二百石、一百石、斗食、佐史共十五等。大体说来,到达二千石一等,即进入高级官员的行列,京官当中的九卿、执金吾,属于"中二千石"这一级,地方官当中的州牧、郡太守,属于

"二千石"这一级，大县的县令属于"一千石"的级别。至于
骑都尉的品级，属于"比二千石"这一级，已经接近高官的
门槛；加之其职责是侍卫随从天子，所以这一职位常常带有
荣誉性的光环。

在此之前，吕布还从未当过朝廷的正式命官。丁原委
任他的主簿，只是幕僚性的职务，完全由主官自行任命，
与朝廷的正式铨选机构无关。吕布现在一下子官拜骑都尉，
出入于皇家宫廷之中，侍从于天子左右，他不禁有一步登
天的得意感觉，早把丁原那满身血污的情景忘到九霄云外
去了。

此时的董卓也感到得意非凡。手握强兵之后，董卓马上
表示要过问政治，朝廷也马上以天旱久不下雨为由，把司空
刘弘罢免了，让董卓出任三公之一的司空。至此，董卓这个
出自边荒的悍将，登上了中央的政坛，他将要把东汉皇朝搅
得来天翻地覆，这是后话。

吕布对董卓感激万分，董卓对吕布赞赏备至，两个人之
间的感情急剧升温。他们觉得，彼此的关系已经不能用上下
级或者好朋友来表达，而是情同骨肉了。于是，二人选择一
个良辰吉日，广邀贵客嘉宾，正式向大家宣布：董卓收吕布
为义子，吕布认董卓为义父。

　　在众人的见证之下，这一对义父、义子，对天地神灵起誓，要保持父子之间的亲密关系，直到泰山变成一小块磨刀石而黄河变成一条小溪沟的那一天！

　　而后众宾开怀畅饮。吃不完的珍馐美味，说不尽的甜言蜜语，直到夜静更深方才散去。这正是：

利欲熏心抛信义，门庭改换当干儿。

　　要想知道吕布给董卓当了干儿子之后，跟着混世魔王般的干爹董卓，做出了哪些伤天害理的大坏事，请看下文分解。

第三章

洛阳盗墓

　　话说董卓收买了吕布，又当上了三公，马上做出两件使朝廷百官震惊不已的事情来。

　　第一件事是废黜皇帝改立新君。此前八月二十八日辛未的清晨，董卓率军驰往北邙山迎接天子圣驾时，第一次看到小皇帝刘辩就印象不佳。他问刘辩这场变故发生的经过，十四岁的少年刘辩竟然张口结舌，一点也说不清楚。董卓只好转头去问他九岁的弟弟，即封为陈留郡王的刘协，刘协却不惊不慌，把事情的经过叙述得明明白白。接着，董卓又得知刘协的生母王氏早死，是由汉灵帝刘宏的生母董太后一手抚养大的，自认为与董太后是一笔难写两个"董"字的同族之亲，遂生出改立刘协为皇帝的心思来。在中国古代，废嫡立庶，是违背典制的大事；而以臣废君，更属大逆不道。但是，董卓哪管你这一套，他在九月初一日甲戌，即进京三天之后，就召集群臣到皇宫的南宫崇德殿，以何太后的名义，改立刘协为皇帝，即汉献帝，废黜刘辩为弘农郡王。

第二件事是杀死何太后。废了刘辩，董卓认定不能再让刘辩的生母何太后稳坐在宫中，否则对新皇帝和自己都可能不利。九月初三日丙子，他以何太后从前对婆婆董太后不孝顺为由，一杯毒酒即把何太后及其老母送上了西天。

两件事情做完，董卓在九月十二日乙酉，宣布自己出任三公之首的太尉，正式成为专擅国政的首辅大臣。

董卓在京城中为所欲为，给一批本来就想割据称雄的地方长官，提供了一个最合适不过的起兵借口。数月之后，也就是汉献帝初平元年（190年）春正月，函谷关（今河南省新安县东）以东的十一路诸侯联合起兵，公开宣布声讨废君弑后的逆贼董卓。哪十一路诸侯？有后将军袁术、冀州牧韩馥、豫州刺史孔伷、兖州刺史刘岱、勃海郡太守袁绍、广陵郡太守张超、陈留郡太守张邈、东郡太守桥瑁、山阳郡太守袁遗、破虏将军鲍信、奋武将军曹操，而联军公推的盟主，则是前不久从京城逃走的袁绍。

这一回该轮到董卓震惊不已了。

面对关东联军的浩大气势，董卓一面抽调军队前往抵挡，一面准备把都城迁往西面的长安，以躲避联军从东面杀来的兵锋。二月初三日癸酉，他又用一杯毒酒把被废黜的刘辩送去阴间和母亲何太后团圆，然后在当月的十七日丁亥下达了迁都长安的命令。上至皇帝公卿，下至上百万的百姓，全部被迫匆匆上路，史称是"步骑驱蹙，更相蹈藉，饥饿寇掠，积尸盈路"，从洛阳到长安的八百多里道路沿途，简直变成了人间地狱！

董卓和吕布等人所商议好的，其实是一个完整的"三光"政策。把洛阳城中除军队之外的所有人撤到长安，这只是"三光"当中的撤光。作为第一步的撤光实施之后，留在洛阳的董卓，开始进行第二步的烧光和第三步的掘光。

烧光的命令一下，董卓的各路军队，便在洛阳城的内外放起火来。皇宫、宗庙、官署、城楼、街市、民居，等等，凡是眼睛看得到的土木建筑，都在火烧之列。大火烧得洛阳城的周围二百里内，变成一片焦土，鸡犬不留！

　　到了这时，董卓才把干儿子吕布叫到面前，给他下达了一项特别任务。吕布听令之后，强忍住心中的喜悦，点头应允，兴冲冲出营执行特别任务去了。

　　原来，吕布奉命要办的事，就是"三光"中的掘光。掘光什么呢？掘光洛阳四郊的陵墓，盗取其中埋藏的金银珍宝！换言之，吕布要扮演一回官方盗墓贼首领的罪恶角色。

　　自从东汉光武帝刘秀定都洛阳以来，一百六十年间，长眠在洛阳四郊的帝王将相达官贵人，其数量真是不少。王侯公卿暂不必说，单是东汉皇帝的陵墓，据史书记载的就有十一座之多。按墓主的在位先后，这十一座陵墓是：

　　　　光武帝刘秀的原陵，在城北十五里；

　　　　明帝刘庄的显节陵，在城东南三十七里；

　　　　章帝刘炟的敬陵，在城东南三十九里；

　　　　和帝刘肇的慎陵，在城东南三十里；

　　　　殇帝刘隆的康陵，在城东南三十里；

　　　　安帝刘祜的恭陵，在城东北二十七里；

　　　　顺帝刘保的宪陵，在城西十五里；

　　　　冲帝刘炳的怀陵，在城西北十五里；

　　　　质帝刘缵的静陵，在城东南三十里；

> 桓帝刘志的宣陵，在城东南三十里；
>
> 灵帝刘宏的文陵，在城西北二十里。

大体说来，皇陵主要分布在南郊和北郊。这些皇帝陵墓，不仅修得高大雄伟，而且里面都埋藏着大量的金银珍宝。东汉沿袭西汉，盛行厚葬，而带动这股风气的人，则是光武帝刘秀的儿子明帝刘庄。

光武帝刘秀临死之前，曾经留下一道遗嘱，说是自己给天下百姓没有带来什么好处，死了之后丧事的办理不能再给百姓加重负担，务必要简省节约，不能使用贵重物品殉葬，墓穴的上面不垒坟堆，更不种树，只是填平地面而已。其实刘秀的真实意图，倒并不是怜惜天下的苍生，而是为他自己考虑。当初他逐鹿中原，把赤眉军打得逃往长安，赤眉军对长安周围的西汉皇陵大肆发掘。此事使他明白：哪怕你是皇帝，只要坟墓中有令人垂涎的东西，保不住哪天你的尸骨就会被人挖出来曝光。所以在三十年后，他才有了这么一道遗嘱。

谁知他的儿子明帝刘庄并没有照办。刘庄为了显示其蒸蒸之心，不仅把极为丰厚的殉葬品放进老爸的棺椁，而且还在墓穴上垒了一座高达十多丈，周长有好几百步的大土馒头，上面栽满松柏之类的常绿乔木。此例一开，此后的子呀孙呀，自然照此办理，无数的金银珍宝埋了下去，一座座大土馒头冒了出来。殊不知这一切，就对此后的董卓、吕布，诱发了掘墓盗宝的强烈贪欲。

吕布点起本部兵马，几千人浩浩荡荡直奔洛阳城北郊北邙山南麓的原陵，首先在光武帝刘秀的头上动了土。这时，城郊的原野上已经断了人烟，吕布也不需要部署警戒部队，当下把全部人力分为几批，轮番上前挖掘，人歇而工具不歇，夜以继日地猛干开了。

十天左右，原陵的顶部挖出一个大洞，刘秀棺椁外围的一个特殊保护层露了出来。这一特殊保护层，当时的专用名称叫作"黄肠题凑"。

所谓的"黄肠"，就是木心发黄的上等陈年柏木。将柏木锯为宽、厚各四寸多（约合今十厘米），长四丈（约合今九十厘米）的方木条，然后平整地堆叠起来，在棺椁的外围形成一圈非常厚实的保护层。堆叠时有一个讲究，即柏木条的头梢这一端，要朝向里面的棺椁，而端头的"头"，在古代汉语中又称为"题"，头梢都朝里面而凑在一起，故而名曰"题凑"。

干燥而带有香味的柏木，既可吸潮，又能防腐，还能防虫。按照汉代制度，"黄肠题凑"是天子死后的陵墓专用设施，除个别异常尊贵的亲王或大臣，经过朝廷特许可以享受外，其他人等一律不得使用，否则就是僭越，将会受到严厉的制裁。

黄肠题凑的柏木一搬出地面，吕布就高兴得仰天大笑，立即吩咐士兵加快动作。汉代帝陵中用作黄肠题凑的柏木，通常总数不少于一万五千根，所以单是把顶部一层的柏木搬出地面，吕布又花了一整天。

这时，用红、黑两色油漆涂饰的外椁，赫然显现在深洞之下。吕布强压下心中涌起的狂喜，命令部下用十多根大绳，把外椁牢牢系住，然后慢慢吊上地面。

外椁一放稳，十多名身高力大的士兵走上前去，挥起利刀大斧，对准椁盖就是一顿猛劈。约莫费了半个时辰，厚重的第一层外椁盖才被完全打开，而第一层椁材与第二层椁材之间所放置殉葬品，都被掏了出来。像这样如法炮制，一直劈开了第五层外椁，直接盛装尸体的内棺终于暴露在光天化日之下。

内棺尚未打开，从各层外棺之间掏出来的殉葬品，已经多得使在场的人瞪大了眼睛。且不用说那散发出奇光异彩的珠玉、金器，形制精巧的漆器、铜器，单是那些织造精良而花色绚丽的丝织品，就已经使人看得眼花缭乱。但是，吕布无心欣赏这一切，他现在的注意力都集中在那口内棺上面。

内棺的上盖被撬松，多名壮汉将棺盖抬起。吕布上前一看，只见棺材之中，静静躺着一具尸体。而尸体全身，穿了一件上下连体并且是由许多小方块玉片连缀起来的外衣，连头部、手掌、脚掌都严严实实地裹在里面。尸体周围放置珪、璋、琥、璜等殉葬品。在其头部的上方，悬挂了一只小方漆箱，而漆箱朝脚的那一面空着，箱里所放的一面小铜镜，正照着尸体的全身。

这只盛有铜镜的小漆箱，当时叫作"温明"，是皇家手工作坊为死去皇帝制作的特别殉葬物，其用意是为处在黑暗之中的死者提供光明。不过，吕布没有注意温明。他的一双眼睛，正盯那穿着玉片衣服的尸身。好半天后，他才吐出四个字："金缕玉匣！"

当时所说的金缕玉匣，现今称为金缕玉衣，是汉代皇帝死后所穿的特制殓服。每件玉衣，要用上千块小玉片，每一块玉片的大小和形状，都经过严密的设计和精细的加工，以保证死者穿上之后非常合身。玉片之间用金属丝联结，按规格的高低分为金、银、铜三等。金丝联结的金缕玉衣，由皇帝享用，但是极少数亲王和大臣，经过朝廷特许，也能穿上这种殓服躺进棺材。汉代的金缕玉衣，现今已有实物出土，

1968 年河北满城县中山靖王刘胜墓出土的一件，共用玉片二千四百九十八块，金丝二斤二两。据专家估计，一名熟练的玉工，完成这样一件玉衣的制作，起码需要十年之久！

当下吕布指挥侍从，点火焚烧了穿着玉衣的尸骨，把散落的玉片和金缕，连同内棺中其他的玉器、珠玑等搜取一空。然后用车装上全部的金银珍宝，得意洋洋地离开了原陵。只留下东汉开国皇帝刘秀的骨骸灰烬，在一片狼藉的墓地上，朝着上空的白云青天。

在原陵大捞一把之后，接下来在附近的怀陵和文陵又遭了殃。挖完北郊的陵墓，吕布挥兵转移到南郊照样干。十一座皇陵挨着挖了个遍，周围公侯将相的坟墓也未能幸免。

这是中国古代历史上罕见的大规模公开盗墓行动，也是中国古代文化史上的一场大劫难！三十多年之后，当上了天子的魏文帝曹丕，在预先留下遗嘱时回忆这场劫难，曾说了下面一段感慨不已的话：

> 自古及今，未有不亡之国，亦无不掘之墓也。丧乱（指董卓之乱）以来，汉氏诸陵，无不发掘，至乃烧取玉匣金缕，骸骨并尽，是焚如之刑，岂不痛哉！

意思是说，自古到今，没有不灭亡的朝代，也没有不被发掘的坟墓；自从董卓之乱以来，汉朝的皇帝陵墓，无不遭到发掘，以至于焚烧金缕玉衣，使得死者的骸骨也被烧掉了，这简直是在遭受身体被焚烧的严酷刑罚，岂不令人痛心啊！

在这段话语之后，曹丕还一针见血地指出：导致汉朝君主陵墓被发掘的根本原因，就在于厚葬；光武帝刘秀的原陵被盗掘，罪人就是违背父亲意愿而采用厚葬的汉明帝刘庄。于是，他特别留下极其严厉的命令：自己死后，绝对不准使用金银珠宝作为殉葬品！也绝对不准给自己穿上金缕玉衣！如果有人违反，便是不忠不孝，自己在天之灵将不会保佑他！

从曹丕的话语中可以看出，这场文化史上的大劫难，在当时人们的心灵中，曾经引起了多么巨大的震动。

吕布在洛阳一带，起劲地当了好几个月的盗墓贼，掠得金银珠宝不计其数。这些东西大部分上交给了董卓，他自己当然也打了一点埋伏。在夜静独处之际，他常常把这些希世奇珍取出，一件一件地欣赏把玩，心中真有说不出的惬意，觉得半官半匪的日子真是过得太舒心了！

但是，关东联军当中一员骁将的杀到，打断了吕布的舒心日子。这员骁将是谁呢？就是孙权的父亲孙坚。

孙坚，字文台，乃扬州吴郡富春县（今浙江省富阳市）人氏。他自称是兵法鼻祖孙子的后代，为人勇敢善战，因屡建军功而升任长沙郡太守。关东联军起兵讨伐董卓，他隶属于后将军袁术。在其他各路人马畏惧董卓而观望不前之际，他却从荆州的长沙郡（治所在今湖南省长沙市），向北面的京城洛阳冲杀而来。初平二年（191年）二月，孙坚的兵马抵达洛阳南面一百里处的阳人聚（今河南省汝州市西北）。当时所谓的"聚"，就是民众聚居的地方，相当于后世的某某屯。

董卓得知消息，不禁大吃一惊，他急忙抽调了一支五千人的军队前往阻击。这支军队的骑兵指挥官是吕布，而总指挥官则是董卓的另一员大将胡轸。

董卓让胡轸担任主将，原因不单在于他是出自凉州的老部下，而且考虑到他当时正担任陈郡太守，官职的品级比吕布的骑都尉高一级。但是，董卓却没有料到这一安排却坏了事。

原来这胡轸，表字虽然叫作"文才"，性情却一点都不文雅，最是急躁冲动。他接受指令之后，生怕众将官不服自己的指挥，预先就放出话来，他说："此番进攻孙坚，我看总要斩他一两员不听话的部将，队伍才整顿得好！"

参加行动的将领们听了此言，心里老大不痛快。本来就有三分醉意的吕布，更是无名火从心头烧起，他暗自恨恨说道，"整顿整顿，我就要你整顿不成！"当下他就串通了几员同样憎恨胡轸的领兵官，悄悄对他们如此这般吩咐一番，众人听了面露微笑，各自暗作准备去了。

军队出发的当天黄昏，赶到了阳人聚北面的广成聚（今河南省汝州市西北）。这里距离阳人聚还有三四十里。临行前胡轸接到董卓指示，要他在天黑前赶到广成聚扎营休息，半夜之后饱餐一顿上路，拂晓前到达阳人聚，立即发起突然进攻。胡轸正要传令全军停下安营，一旁的吕布却上前说道："听说阳人聚的敌军已经望风而逃，我们应当跟踪追击，否则就让他们逃走了！"话音刚落，就有几员战将热烈附和，胡轸无奈，只好下令全军继续向阳人聚推进。

半夜过后，几千人马终于抵达阳人聚。到了一侦察，胡轸才发现敌军营垒坚固，防御严密，根本就没有什么望风而逃的迹象，他不禁心中暗自叫苦。这时全军人饥马乏，胡轸马上传令就地歇息待命。于是将士们脱下铠甲，放下兵器，忙着找水饮马，埋锅造饭，原野中到处是乱哄哄的人群。

正忙碌间，吕布突然纵身上马，向自己的骑兵队高声叫道："阳人聚的敌军杀来了，快随我上马撤退！"连喊三遍之后，他带起卫队便向北逃奔。

此前参与密谋的其他将领，立刻纷纷响应，带上各自的队伍向北奔逃。这一下全军就完全乱了套，士兵们顾不得拾起铠甲、兵器，一窝蜂都跟着骑兵队狂奔。一直跑出十余里开外，天际泛出黎明的白色，大家这才发现后面并没有敌人的身影。胡轸心中恼怒不已，断然命令全军向后转，前往昨夜歇息的地方去拾取铠甲、兵器，按原计划向阳人聚发起进攻。这边的孙坚早有防备，而胡轸的人马毫无斗志。两军一接触，胡轸就打了一个大败仗，结果孙坚当场斩了胡轸的部将华雄。

这个华雄，确实是历史上真实存在的人物，而且他也确实是在这场战斗中，被孙坚当场结果了性命，这在史书上有明确的记载。但是，千年之后却被罗贯中《三国演义》移花接木，虚构成了"关羽温酒斩华雄"的故事，又被拎出来"斩杀"了第二次，真是有点奇葩了。

胡轸带领残兵败将逃回洛阳，被董卓骂得狗血淋头，而吕布则暗中高兴不已。不过，吕布的高兴并没有持续多久，因为咄咄逼人的孙坚，乘胜推进到了洛阳城外的南郊，于是前去抵挡孙坚的任务，就落到了吕布的身上。

客观而论，要说武勇上的骁勇善战，吕布足可与孙坚相抗衡。但是，孙坚刚刚取得重大胜利，士气非常旺盛，而吕布刚刚掠取了一批稀世珍宝，哪里愿意到沙场上去拼命呢？所以两军在洛阳城郊一交手，吕布也和胡轸一样大败而逃。

当年四月，吕布随从董卓撤离洛阳，西去长安。

孙坚率军进入洛阳，看到往昔锦绣繁华的京城，已经成为一片废墟，不禁大为伤感。他在祭祀汉朝宗庙之后，立即亲自领兵前往城郊，对吕布发掘的陵墓进行修复。帝王将相的遗骸重新放入棺材，棺材又重新吊下墓穴，墓穴又重新填入泥土。至此，吕布一手制造的这场文化大劫难，才算有一个了结的了结。这正是：

皇陵盗掘谁之罪？官匪难分是一家。

要想知道吕布接下来，又会与他的干爹董卓之间，发生了怎样意想不到的事，请看下文分解。

第四章

再起二心

　　这是初平二年（191 年）的四月，董卓在吕布等人的护卫之下，带着上万人马到达了长安。

　　这时，董卓已经宣布自己升任太师的官职，太师的地位不仅高过朝廷所有的官员，而且高过皇族的亲王。他出入时乘坐的专车，装有青色的车顶盖，车顶盖的骨架用金箔做的花纹图案装饰，车轮的挡泥板上有绚丽的彩绘。这种美轮美奂的专车，差不多已经接近天子专车的规格，所以当时的人称之为"竿摩车"，竿摩者，当时口语中的接近之意也。

真是"一人得道，全家升天"。董卓的兄弟、侄儿、女婿，以及中表亲属，都在朝廷担任高官显职，控制军政大权，连他家中不会走路的婴儿，未成年的孙女，也得到高等封爵。简直把刘氏皇朝，弄成了一座"董家店"。

接着，董卓又在长安西面二百六十里处的郿县（今陕西省眉县东北），动工修建了一座大型城堡，名叫"郿坞"。这郿坞耸立在渭河北岸的平原之上。城墙高达七丈（约合今十七米），厚度也有七丈，四边周长有一里多，坞内地基高一丈有余，可谓坚固无比。董卓把那些从洛阳陵墓中挖出来的金银珠宝，全部藏入郿坞当中，又在坞内储存了足够吃二十年的粮食，然后踌躇满志地说道："如果大事成功，我将雄踞天下；即使大事不成，坐守郿坞也足以度过余生了！"

董卓心中很明白，朝廷官员中肯定有人对自己的所作所为感到不满。他除了使用血腥屠杀来震慑人心之外，自从到了长安，他就加强了自己的警卫力量，还把干儿子吕布调来担任自己私人警卫队的队长，进进出出，寸步不离，他这才觉得可以高枕无忧了。

但是，他万万想不到，最信任的干儿子也有起二心的时候。

要说吕布此时的境遇，倒也相当不错。他到了长安，董卓不仅没有追究他打了败仗的责任，反而把官职给他提了一级，让他以中郎将的衔头统领自己的卫队。与此同时，还一下子封他为都亭侯。汉代的侯爵，按其封地的大小，有县侯、乡侯、亭侯之分。亭侯的封地为一亭，他可以收取该亭之内几百户人家原来缴纳给国家的租税，归自己享用。都亭是县城边上的亭，都亭侯比一般的亭侯又略高一点。吕布初次接受封爵就当上都亭侯，这奖赏并不算菲薄。

就在众人纷纷向吕侯爷道喜的时候，吕布的心情却相当恶劣。其恶劣心情的成分，有一半是怨恨，有一半是担忧。

怨恨产生于此前的一件小事。原来这混世魔王董卓的脾气，最是暴躁偏激，部下稍不如意，他就要动手教训，从来不考虑后果，连吕布有时也不能例外。

这一日，吕布受命出外去办一件公务，董卓对结果不甚满意，立即厉声训斥。吕布很感委屈，忍不住辩解了几句。董卓心想你还敢同老子顶嘴，勃然大怒，也不再开腔，转身就往旁边的兵器架奔去。

汉代的达官贵人和豪强大族，其内堂往往要放置兵器木架，刀矛剑戟一应俱全，寒光闪闪，既有保卫家人的实际用途，又是显示身份的摆设。这种兵器木架，当时的专门名词叫作"兰锜"。

　　吕布看见董卓朝兰锜奔去，不由得暗自叫道："不好！"他一面后退，一面紧盯着干爸爸的动作。只见董卓飞快从兰锜上抽出一件短兵器，转身大喝一声，就向不远处的吕布掷来。

　　董卓掷来的这件短兵器，名为"手戟"。它比长戟短小，但是头部的直刃和横刃都异常锋利。由于头部较重，一旦用力掷出之后，头部将一直在前，直刺人体，所以特别适合于近距离飞掷以杀伤对手。孙坚的大儿子孙策，也就是后人称作"小霸王"的那一位，就擅长飞掷手戟，他曾在一场盛大宴会之中，猛然掷出一支手戟，不偏不倚正好刺入一名骁勇对手的心脏，那人当场毙命，而左右两旁的客人却毫发无伤。

　　这边的吕布见干爸爸的右手一扬，一道寒光直奔自己的胸部而来，他本已微屈着的双腿立即发力往左侧一跳，那手戟贴着他的右胸掠过，砰的一声，钉在吕布身后的厚木墙板之上。

　　吕布回头看那支手戟，柄端还在轻微颤动，刃部钉入木板足有一寸多深！心想："好险呀！"他倒也乖巧，赶忙跪地叩头，不住地向董卓认错赔不是。董卓这时的气也消了些，他把大手一挥，算是放过了吕布。

吕布把那支手戟从木板中拔出，重新放到兰锜之上。他对董卓的怨恨，却从此深深钉在内心当中。

接下来吕布又做出一件风流韵事，使他的心中除了怨恨之外，又增加了一阵阵担忧。

那董卓到达长安之后，挑选了不少容貌美丽而善解人意的妙龄少女，充当自己内室的侍婢。这些婢女正当青春年华，情窦初开，成天关闭在高墙深宅之中，不免生出些思念男女情爱的心来。而吕布因为是董卓的义子兼保镖，得以自由进出董卓的内堂卧室。一个英俊勇武的青年男子，出入于脂粉队中，正如俗话所说是"干柴见到烈火"，岂有不燃之理？没过多久，吕布就与其中一名胆大活泼的绝色女子，从眉目传情而共享鱼水之欢了。

这位敢于追求情爱的少女，在陈寿《三国志》、范晔《后汉书》等史书上，都说她原本就是董卓家中的"侍婢"，与任职司徒的王允毫无任何关系，而且也没有留下她的芳名。但是，千载之后的罗贯中《三国演义》，却使用了虚构、夸张的生花妙笔，凭空编出了一个"王司徒巧使连环计"的有趣故事，说她本是王允家中一名美貌的"歌妓"，不仅能歌善舞，而且深明大义，愿意配合王允的连环计，诱使吕布去铲除国贼董卓；为了给读者留下深刻印象，还为她取了一个好听而且独特的名字，也就是"貂蝉"。

貂蝉这名字虽然听起来很有一点韵味，可惜在吕布生活的朝代，"貂蝉"一词却指的是两种无生命的高级装饰品。当时，天子身边有两种最亲近的侍从官员，一种叫作侍中，另一种叫作中常侍。在侍中、中常侍所戴官帽的两侧，特别加挂了两种装饰品，以示亲近天子的荣耀：一种是貂尾，即貂这种动物的美丽尾巴；另一种是金蝉，即刻有蝉形花纹的黄金片。两者的合称，就是所谓的"貂蝉"。罗贯中移花接木，把物名借为人名。后世但知"貂蝉"是一名绝色的美女，却不知道原本是指没有生命的物件，这是不是有一点煞风景呢？

吕布悄悄与那侍女频频幽会，这种偷偷摸摸的方式，固然使他感到很富于刺激性，但是也使他胆战心惊。他心里很清楚，董卓一旦发觉自己的秘密，绝对放不过自己，而董卓发觉秘密，只是早晚的事。因此，如果自己找不到一条出路，恐怕只有等死的份了。

正当吕布惶惶不安之际，有一个人却为他指点了一条出路。这人是谁呢？就是前面提到过的王允。

自从董卓掌握了朝政，王允可谓官运亨通得很了：先是被提升为九卿之一的太仆，接着又升任尚书令，不久又当了三公之一的司徒，半年不到竟然连升三级。王允跟着汉献帝移都长安，董卓暂时留守洛阳，这段时间里长安朝政的大小事务，董卓都委托王允办理。王允在不触怒董卓的情况下，尽量给汉家皇室以照顾。小皇帝也亏得王允暗中扶持，才算过了一段稍微安生的日子。

　　不过，王允虽然受到董卓的提携和信任，他的内心却非常痛恨胡作非为的董卓，一心想替汉室除去这个大祸害。为此，他暗中联络了一批志同道合者，秘密商讨行动计划，其中有接任司隶校尉的黄琬，担任尚书的郑泰，担任执金吾的士孙瑞，以及担任护羌校尉的杨瓒等人。

　　最初王允的打算，是想让郑泰、士孙瑞、杨瓒诸人，各领一支精兵出朝，表面上说是去抵抗关东的讨董联军，实际上一出朝他们就共同倒戈，反转来攻打董卓。他的主意倒不错，可惜董卓的警惕性很高，不肯批准上述三人领兵出朝。王允无奈，只得另想办法。这一想，他就想到了吕布。上面已经说过，王允也是并州人，所以与吕布是并州老乡。王允心想，吕布这位老乡现时正是董卓的侍卫队长，如果能把吕布变成自己的同盟者，那么就可以直截了当使用谋杀的手段来除掉董卓，又何须采用出兵倒戈的迂回办法呢？

　　主意打定，王允便找机会去接近拉拢吕布，说了不少吕布喜欢听的话语，送了几多吕布喜欢要的礼品。吕布觉得这位当第一等大官的同州老乡，对自己真是不错，而自己在京城也没有什么贴心的朋友，于是很快就把王允当作知音。

这一日，吕布得了空闲，打马来到王允的府邸。王允把吕布迎入内堂，然后吩咐下人准备美酒佳肴，二人对坐畅饮。

王允首先举起手中的酒爵，向吕布敬酒，说道："将军今日光临寒舍，令我蓬荜生辉。将军深受董太师信任，情同父子，前途不可限量，谨祝将军鹏程万里！"

说完王允把酒一饮而尽。吕布跟着满饮一杯，长叹一声说道："我吕布如今连生命都已危在旦夕，还说什么鹏程万里啊！"

王允心中一动，他赶忙给吕布斟上酒，问道："将军何以会这样说呢？"

吕布不答话，回过头看了看两旁的侍者。王允会意，挥手让室内的服务人员全部离开。吕布这才把董卓因为小不如意而怒拔手戟想杀死自己的事情，从头到尾详细说了一番。说到动情之处，差一点落下泪来。自然，他与董卓侍女偷情的事，不好意思向王允透露。

王允听了吕布的叙述，极表同情地说道："我不知将军处境的险恶竟然到了如此地步！事到而今，将军要想转危为安转祸为福，恐怕也只有一条路可走了。"

吕布赶忙一拱手，恭恭敬敬地说："请司徒赐教。"

王允略一沉思，认定吕布没有什么诡诈，便小声把自己有意谋杀董卓的计划扼要叙述出来，末了说道："如果将军能充当内应，则诛除国贼董卓易如反掌；事成之后，将军建立丰功伟绩，上受朝廷的封赏，下得海内的赞美，英名将载入史册流传后世，岂止是消灾避祸而已！"

吕布听得眼睛一亮，心想："对呀！从前杀了丁原，我才走了一阵子鸿运，升官封侯还发了大财。现今运气不济，看来该拿董卓的脑袋来开运了！"不过，他仍然装出一脸为难的模样，向王允说道："司徒所言，为我点破迷津，实在感激不已。可是董太师与我毕竟是情同父子啊！"

王允微微一笑，说道："将军本姓吕，并非姓董的亲生骨肉。如今您为生命担忧都来不及，还说什么父子不父子啊。他向您投掷手戟之时，难道还有一点点的父子情分么！"

吕布不再多说，一口允诺充当王允等人的内应。至于具体的动手时机，则由王允等人选择决定，再通知吕布。

计议既定，二人又畅饮一番。临分手之际，王允叮嘱吕布道："共除国贼之事，将军宜严守秘密。董卓耳目甚多，又生性多疑，将军要小心提防，多加保重！"

　　这几句话虽然平常，却使吕布大受感动，更使他头脑清醒。他知道杀董卓要比杀丁原困难得多，就在前不久，有一位伍孚，身任越骑校尉之职，企图亲手刺死董卓，不幸失败，结果是人亡家破。前事不忘，后事之师，在回家的路上，吕布不仅在心理上做好了应付董卓的准备，而且下定决心：在董卓没死之前，决不再与那名侍女欢会了！

　　回到董卓府邸的次日，董卓便问起吕布到王允家中去干什么。尽管吕布早有提防，背上也还吓出不少冷汗。他恭恭敬敬回答道："王司徒年近六十，体衰多病，不免思恋家乡风物。儿与他同是并州人，故而邀儿到府，用乡音说说并州旧事。"

　　董卓放了心，笑着说："这也是人之常情。下次若去王司徒府上，你可代为父致意。"吕布连连应允，心中暗自庆幸自己早有防备。于是，他处处小心谨慎，静候王允那边的消息。

　　就在王允等人秘密策划的时候，京城长安之中，却出现了两件不大不小的蹊跷怪事。

　　第一件怪事是长安街巷的儿童，忽然异口同声传唱起下面这首童谣：

千里草，何青青；十日卜，不得生。

起初人们对这首童谣并不在意，因为当时正是初平三年（192年）的春三月，而这年春天连下了六十多天的大霖雨，京城郊外的茫茫原野上青草疯长，被潦水淹没的青草很快又发黄腐烂。所以大家认为，这首童谣的意思是说：长在千里平原上的野草，怎么会这样青绿啊；可惜不到十天，就会发黄腐烂了。这首童谣所唱的，不正是眼前的实际景象吗？

但是，很快就有敏感的人发现：不对头呀，这首童谣中暗含着两个字呢：所谓"千里草"，是由带草字头的"千"和"里"，组成了一个"董"字；至于"十日卜"么，是拆开来的"卓"字嘛，"十""日""卜"这三个字，合起来不就是"卓"字吗？最后的"不得生"，恐怕是说董卓就要活不成了！

发现上述秘密的每一个人，都吓得胆战心惊，不敢向任何人说破，因为两年前的一场大屠杀，令他们至今记忆犹新。

那是当初董卓领兵进入洛阳城不久的事。当时洛阳街巷的儿童，传唱着一首叫作《董逃歌》的儿歌。歌词原文如下：

承乐世，董逃！游四郭，董逃！

蒙天恩，董逃！带金紫，董逃！

行谢恩，董逃！整车骑，董逃！

　　垂欲发，董逃！与中辞，董逃！

　　出西门，董逃！瞻宫殿，董逃！

　　望京城，董逃！日夜绝，董逃！

　　心摧伤，董逃！

　　这首儿歌表面上的意思，唱的是一个人，碰上了快乐时代，蒙受了皇恩，升任佩带金印紫绶的高官，拜谢皇恩之后，整理随行的车辆骑兵，即将出发去远方上任，他回想着在宫中与圣上的辞别，走出了洛阳城的西门，回头瞻望皇宫的华丽宫殿，再望着宏伟的京城，从此就要与这一切断绝了，他心中多么悲催伤心啊！

　　每一句歌词后面的"董逃"，其实是其他儿童拍手应和时的象声词，好比是后世的"嗨哟""冬锵"之类，并无什么特别的深意。但是，歌辞传到董卓的耳朵里之后，他登时大发雷霆，骂道："董逃，董逃，不是咒我董卓要从这里逃走吗！"于是传下命令：禁止任何人唱《董逃歌》，违者格杀勿论！命令一下，兵骑四出，见了嘴里说出"董逃"二字的就开刀，几天之内竟有上千人倒在血泊之中。可怜多少黄毛孺子，糊里糊涂便作了刀下之鬼！

　　第二件怪事是，就在人们纷纷厉声呵斥自己的孩子，不准在外面唱什么"千里草，何青青"的时候，京城长安的市场上，又出现了一个怪人。他肩上扛着一匹白布。布上面写了一个拳头般大的"吕"字，口中不停地唱着："布啊！布啊！"如是几天，招摇过市。有人问他的布卖价多少，他却毫不搭理，大家都觉得此人非疯即癫。后来董卓也得知了此事，却没有能够悟出什么玄机来。

不久，长安城中发生的一场大变故，才使大家明白：此人是在启示民众，收取董卓性命者，乃是带"吕"字之布，即吕布是也。这正是：

起心索取干爹命，反复无常吕奉先。

要想知道吕布能不能与王允合力扳倒混世魔王董卓，直接将他送上西天，请看下文分解。

第五章

刺杀董卓

　　为了选择一个刺杀董卓的最佳时机，王允耐心地等待了将近两个月之久。

　　时间来到初平三年（192年）的三月初，也就是"千里草，何青青"的儿歌，开始在京城长安传唱开来的时候，王允就曾经与士孙瑞、杨瓒二人碰过一次头，商议动手的时机问题。为了避免董卓的猜疑，碰头是在一个祭台上进行。碰头地点怎么会在祭台呢？这还得稍作交代。

　　中国古代以农业为根本，而农业生产靠的是风调雨顺，因此汉代的官方有请求老天爷下雨或止雨的礼仪。久旱不雨，官方祭祀上苍求下甘霖，这叫作"请雨"。淫雨连绵，官方祷告天神停止降雨，则叫作"请霁"。请雨和请霁，都在专门的祭台上进行。这年的气候反常，从年初开始，竟然连降淫雨六十多天，涝灾把正忙于春耕的农民弄得叫苦连天。

朝廷无奈，只好让主管民政的司徒王允去到祭台请霁，而陪同王允祷告者，则是已在尚书台任职的士孙瑞、杨瓒二人。他们正好借机碰头密商一番，台下的人远远望见他们三人，神色严肃而口中念念有词，还以为真的是在祈求上苍大发慈悲呢。

士孙瑞的意见，认为如今淫雨不断，雾气交侵，象征不祥的彗星多次出现，正是董卓将要灭亡的征兆，主张立即采取行动。但是王允却力主慎重行事，寻求更好的时机，以求一举成功。经过苦思冥想，三人终于发现，不久就有一个绝好的机会。

什么绝好机会呢？原来，由于气候反常，十二岁的汉献帝也患了疾病，正在医治调养，再过一些日子可望彻底康复。按照汉家惯例，天子患病痊愈，群臣要一同入宫朝见，向天子致以问候与祝贺，而后天子在宫中大开酒宴，款待群臣，尽欢而散，献帝到时候也将这样办。平常董卓的身边警卫人员很多，极难下手，但是他若进入皇宫，除吕布等少数几名卫队的长官外，其余的卫士都不能进入。献帝病愈，董卓也应入宫赴会，等他入宫时突然动手，不是可以稳操胜算吗？

混世魔王董卓的死期，就这样在请霎的祭台上定了下来。

他的死期，按照史书所载，是初平三年（192年）四月二十三日辛巳。这一天，康复了的十二岁汉献帝在未央宫大宴群臣。汉代的长安城，位于今陕西省西安市的西北郊，全城大体呈正方形，城周围长度约为汉代六十里，相当于现今的五十里。在广阔的城区西南，便是宏大壮丽的未央宫。未央宫是汉高祖刘邦定都长安之后，由丞相萧何主持修建的，宫内殿阁林立，水木清华，尤以未央殿最为雄伟。未央殿修在龙首山的北麓，殿基宽阔而高峻，殿身更是金碧辉煌，遥遥望去，在蓝天白云的映衬之下，宛如天上的琼楼玉宇一般神圣绚丽。未央宫的南垣与西垣接近长安城墙，所以大门开在东面与北面。

那时，董卓的军队集中驻扎在长安城的东面，他的府邸则处在军营的藩屏之中。从他的府邸到未央宫北大门，足有十里之遥。这一天的清晨，董卓调集上万精兵，先把路上的百姓驱赶得干干净净，然后沿途设置警卫，左侧路边是步兵，右侧路边是骑兵，十里长街戒备森严，如临大敌。布置妥当，董卓开始更衣准备出发。他在内衣的外面先穿上一套精细铠甲，再穿外面的礼服，束上腰带，挂上佩剑，整冠系履，登上那辆"竿摩车"。在车前车后护卫的是上千名侍从武士，紧靠车旁骑马持矛的则是侍卫长吕布。

位于前面的仪仗乐队开始奏起鼓吹乐，队伍浩浩荡荡向西行进。骑在高头大马之上的吕布，用眼角的余光瞟了瞟董卓，心中暗想："老贼你不要太得意了，稍后我就要让你人头落地，血染尘埃！"

吕布的思绪正在飘荡，突然，一件意外的事情发生了！

董卓的"竿摩车"，实际上是皇太子才能乘坐的礼仪专车。按照当时的制度，这种车辆由三匹马牵引，居中套辕的是辕马，在左右助拉的是骖马。那匹辕马不知何故，猛然受了惊，一声长嘶之后，前蹄腾空忽地跳将起来。坐在车上的董卓猝不及防，往后一仰就滚跌到了地上。

吕布赶忙跳下马去，把董卓从尘埃中扶起。董卓满面恼怒，看了看泥污斑斑的礼服，喝令队伍向后转，他要回家更衣。吕布陪他进入府邸的内堂，重新换上另外一套礼服。这时，董卓的一名小妾走上前来，说是今天的这个兆头不吉利，劝他不要再前往皇宫。董卓听了把眼一瞪，那小妾吓得赶忙住了口。

　　大队人马再度出发。一个多时辰之后，董卓一行到达未央宫北大门的宫阙之下。

　　按当时规矩，臣僚进入皇宫只能步行，而且不能走中门，必须走中门旁侧的掖门，也就是边门。作为权臣的董卓，哪里会遵守这些规矩？他向来都是乘车进宫，只是走掖门不走中门而已。说来也怪，新换的一匹辕马，刚才在长街之上还走得好好的，这时突然在掖门外面停下脚步不肯向前。驾车人在两名武士的帮助下，抓紧马辔使劲往前拉拽了一阵，那辕马才又动步前行。看到这一切，连天不怕地不怕的董卓也起了疑惧之心，便向身旁的吕布把手一挥，吩咐道："回府！"

　　吕布心中一惊，暗想：诛杀老贼的计划今天已经付诸实施，如果老贼回转自己的府邸，不仅前功尽弃，而且还有走漏风声的危险。于是他立即趋前说道："父亲不必多虑。有儿等在您身边侍卫，谁敢轻举妄动？我们进宫小坐一时即回府，如何？"

　　董卓看了看全身戎装杀气腾腾的吕布，略一思索后说道："也好。那布儿你先进宫去观察动静。"吕布心中巴不得听到这句话，他立即应允，手提长矛大步走进掖门去了。

　　掖门之内的警戒，全部由宫廷禁卫军担任。那时，未央宫的北大门叫作玄武门，把守玄武门的是宫廷禁卫军中一支小分队，有卫士一百名左右，其指挥官称为玄武司马。

　　王允和士孙瑞在此之前，早已经把玄武司马换为自己信得过的人了。因此，今天在玄武门值班的卫士中，王允顺利地插进去了十几名杀手。这些杀手不仅都是吕布的心腹，而且都是一往无前的勇士。他们的领头人，则是吕布的同郡老乡，现任骑都尉的李肃。

　　吕布一进门，就看到手持长戟端端正正站在路旁的李肃等人。他只用眼色向李肃略一示意，并不言语，继续向前走去。在未央宫大殿前的阶梯下，吕布碰到了尚书仆射士孙瑞。两人在拱手见礼之际，士孙瑞暗中塞给吕布一件东西，并且问道："太师来了吗？"

　　吕布把那件小东西迅速放入怀中，答道："太师正在宫门之外。"

　　士孙瑞说："公卿百官均已上殿，单等太师，我们一起到宫门恭迎他如何？"

　　吕布会心地一笑，便与士孙瑞一起掉头前往宫门。此时此刻，吕布心中不禁豪气上涌，颇有天降重任于自己身上的神圣感觉。要想知道他何以会如此，不能不提一下士孙瑞塞给他的那件东西。

　　此物是一小幅上面写有天子诏命的素色丝绢，也是董卓的催命符。原来，董卓一到达玄武门，即有人悄悄报告了早就到宫中的王允。王允马上与士孙瑞一起来到汉献帝所在的内室，屏退侍从，向皇帝请求下诏诛除逆臣董卓。十二岁的小皇帝自来对满脸凶相的董卓相当憎恶，糊里糊涂便点了头。当时皇帝的诏书，是由宫中的尚书台官员草拟，而担任尚书仆射的士孙瑞，正是尚书台的负责长官之一。于是，早有准备的士孙瑞，遵从王允的指示，立即在现场飞快写了一封诏书，加盖皇帝印玺之后，藏在身上出外交给吕布。王允则留下来陪伴小皇帝，以免小皇帝向侍从随口说出秘密。

吕布与士孙瑞出了宫门，吕布抢先上前，贴近董卓悄声说道："父亲，儿一直巡查到大殿之前，看到公卿百官均已在殿上等候您。宫中并无异常动静，尽可放心。"

这时士孙瑞也上前跪拜行礼，并代表皇帝敦请太师入宫赴会。董卓傲慢地挥了挥手，他的专车便缓缓驶入北宫掖门。

进门之后，董卓的车旁只余下吕布等七八名侍从官员了。那车拐了一个弯，刚进入正对中门的大路，站在路旁等候多时的李肃，厉声大喊了一声："上前！"便带着那十几名勇士杀上前来。

紧跟李肃冲在最前面的是三名勇士，他们的姓名叫作秦谊、陈卫、李黑。三人在此前早已有了分工，所以冲到近前时，李黑带了四五人用长戟叉住车轮，那辆车立即停了下来；

秦谊、陈卫则带了四五人去截刺拉车的马，使之不能再跑动；而李肃本人与两名勇士，直接从侧面使出长戟径取董卓。

李肃对准董卓肥厚的胸部就刺，董卓猝不及防，被刺了一个正着。但是董卓外衣里面穿了一副精工制作的铠甲，那长戟的利刃只刺破了外面的礼服，却没有伤到董卓的皮肉。董卓立即动手去拔腰间的佩剑，剑还未出鞘，另一柄长戟又刺中他拔剑的右臂，他大叫一声便倒下车来。

滚到了地面上，董卓才想起自己的干儿子兼保镖。他一边左躲右闪，避开长戟的利刃，一边高叫道："奉先何在？奉先何在？"

此时的吕布已经把怀中的诏书取出，双手将其展开，同时大声宣布："皇上有诏，诛讨贼臣董卓！"

董卓一听，气得七窍生烟，怒骂道："逆贼竟敢出卖我！"一翻身从地上爬起，抽出佩剑就要与吕布拼命。吕布迅速将诏书塞进怀中，双手把长矛向前挺起，对准董卓用力直刺。董卓刚刚站直，雪亮的矛头不偏不倚正好刺中他的咽喉命脉，只见一股鲜红的血液喷涌而出，不可一世的混世魔王董卓，便倒在地上气绝而亡。

吕布把手一挥，命令一名勇士上前砍下董卓的头颅。就在这时，董卓手下一名叫作田景的官员，与董卓的一名贴身家奴，共同上前扑到董卓的尸身上，不让那勇士的利刀砍下。吕布勃然大怒，挺起长矛就刺，转眼间又把田景和家奴刺死在董卓身旁。这下子再没有人敢乱动了。

吕布手提董卓的头颅，直奔未央宫的大殿。王允见大事成功，不禁喜上眉梢。他立即向殿内的公卿百官，宣布这一振奋人心的大好消息，同时吩咐吕布与有关官员，赶快去安抚董卓的太师府官员和所辖军队，宣布朝廷只惩治董卓，其下属官兵一律不予追问。吕布等人驰马出宫，沿途传达朝廷旨意，一直到达董卓此前的驻地。

那些官兵平素就畏惧骁勇的吕布，这时心里又想，你吕布是董卓的干儿子都背离了他，我们又何必从一而终呢？结果官兵们毫无骚动不说，还纷纷向吕布等人大声欢呼。当时，"万岁"一词是常用的欢呼语，还没有成为皇帝老倌的专称，所以此时长安的街道之上，从西向东，"万岁"之声此伏彼起，响彻云霄！

消息一传开，饱受董卓暴虐蹂躏之苦的长安百姓，简直高兴得发了狂。他们涌到大街小巷上，载歌载舞。有人把家中的珠宝玉器甚至日常衣服拿出来卖了，换了钱去打酒割肉，邀请亲朋好友欢聚庆祝一番。

与此同时，董卓留在郿坞的家人却倒了大霉。一支由朝廷派遣的特别行动队，第二天赶到郿坞，把董氏家族的男女老少全部杀光，包括董卓的弟弟董旻、董璜。董卓的老母此时已有九十岁，颤颤巍巍地来到郿坞的大门口，跪在地上不住叩头，哀求饶命。那些行动队的士兵早已杀红了眼，依然手起刀落，把她一颗白发飘拂的头颅砍落尘埃。人杀光之后，特别行动队开始查抄郿坞中董卓私占的财物，结果抄出黄金两三万斤，白银八九万斤，珍珠、玉器、锦绣以及各种供玩赏的珍贵工艺品，堆积如山！

董卓的尸身，被放在长安城内的市场上示众。孟夏四月的天气还相当温暖，两三天后，董卓那肥胖异常的尸身，便被暴晒得流了油。看守尸身的士兵，干脆把一束灯芯放在尸身的肚脐眼中，到晚上便点燃，明亮的火光竟然一连燃了几个通宵！

在一片喜庆的气氛中，朝廷开始论功行赏。首席功臣王允，论官位已经当了三公之一司徒，论爵位已经封了县侯，都到了顶级的程度，所以对他的封赏，既非加官也不是晋爵，而是给了他一个"录尚书事"的衔头。此处所谓的"录"，意思是总领。当时的尚书台，是处理军国机要公务的中央机构，其长官是尚书令、尚书仆射。如果在尚书令、尚书仆射之上，再给一位高官以"录尚书事"的衔头，他就有权过问尚书台的一切公务了。通常这个衔头是给予比三公官位还高的大将军，三公中得到的人极少，因为一旦拥有"录尚书事"的衔头，便是朝廷的首席执政官员，权力比三公还要高了。

第二位功臣当然是吕布了。首先，他当然是升了官，晋升为"奋威将军"，而且可以使用与三公规格相比拟的仪仗队，当时的专用说法叫作"仪比三司"。其次，他又晋了爵，封地在河内郡的温县（今河南省温县西），所以被称为"温侯"。这个温县，就是司马懿的故乡。再次，他还得到一项特别的荣誉，即持有皇帝赐予的节杖，专用名称叫作"假节"。得到这一称号后，就表明他是皇帝的特派使者，有权处置某种特殊的公务。最后，他还得了一项奖赏，即可以协助王允，共同处理朝廷大政，算是朝廷的副执政官了。

第三位功臣则是尚书仆射士孙瑞。朝廷给了他一个县侯的爵位。这在别人是求之不得的荣誉，但是士孙瑞却以自己并无功劳为由，坚决推辞不受，令朝廷上下很感意外。那么士孙瑞为何会如此呢？

原来，这士孙瑞，字君策，乃扶风郡（治所在今陕西兴平县东南）人氏。其人富于才干，而且智计不凡。他看到董卓被诛杀之后，王允、吕布二人立时显现出居功自傲的模样，心中便生出远虑来。他清楚地看到，董卓虽死，其部属尚在，特别是长安以东还有其野战军队数万人之多；王、吕二人居功自傲，势必难以妥善处理这批骄兵悍将；现今自己如果受了特别的封赏，万一董卓的部属反攻倒算，自己还保得住性命吗？《老子》说的"福兮祸之所伏"，不就是指这种情形吗？于是，他把一切功劳归于皇上的英明决策，归于王允、吕布的忠诚勇敢，善于谋划，说自己毫无作为，不能白受重赏。王允见他态度坚决，也不再勉强他了。此后事态的发展证明，士孙瑞不贪名利，推辞重赏，确实是非常难得的明智之举。

客观而论，吕布参与刺杀董卓之举，虽然从个人情分上说，属于生出二心、发泄私愤的行为，但是从稳定汉朝和维护百姓的大局来看，又算是具有正面意义的好事。要不然，这个混世魔王董卓，还不知会造成多么巨大的祸害来。

吕布平步青云，陡然成了朝廷的两位执政长官之一，经常前呼后拥，出入朝廷府署，决断军政大事，自以为从此可以永保富贵，荣耀终生。谁知没多久，就发生了士孙瑞所担忧的事情来。这正是：

人头换得高官做，祸福相倚在眼前。

要想知道接下来会发生怎样的大变故，逼得来吕布很快就黯然离开了朝廷中央的政治舞台，请看下文分解。

第六章

政界昙花

　　吕布当了执政官之后，首先想到的大事，乃是如何处置董卓留在长安东面的野战军团。

　　这支野战军团是董家军的主力，共有五六万精锐步兵和骑兵。总指挥官是董卓的女婿牛辅，分队指挥官有李傕、郭汜、张济等，他们和董卓一样，都是凉州人，所以把这支野战军团称为"凉州军"也毫不夸张。董卓带领少数卫队西上长安，命令牛辅率军驻扎在长安以东四百多里处的陕县（今河南省三门峡市陕州区）一带，阻止关东联军进入潼关。这牛辅素来怯懦贪财而没有主见，但是李傕、郭汜、张济等人，却个个都是杀人如麻的悍将。

对于凉州人，吕布早就没有好感，因为他当初以一个并州人受到董卓的宠信时，那些凉州将领就曾对其冷嘲热讽。杀了董卓之后，他对凉州人更增加了几分疑惧。因此，他一再劝说王允，以朝廷的名义发布文书并派遣特使，把牛辅等凉州军将领全部逮捕诛杀，以绝后患。

王允听了吕布的建议却不以为然，他说："这些人虽是董卓的下属，却并未犯有罪过，怎么能不分青红皂白一律处死呢！"

吕布不假思索，随口答道："蔡伯喈那样的人都可以杀，这些人又有什么杀不得的呀！"

一听这话，王允的脸色陡然变得难看起来。要想知道王允为何会有这样的反应，须得把蔡伯喈的事情先略作交代。

蔡邕，字伯喈，乃兖州陈留郡圉县（今河南省杞县南）人氏。他是东汉一朝极其著名的全能型文化巨匠，天文、数学、经学、史学、文学、音乐、书法，真是门门擅长，样样精通。杰出的女诗人蔡文姬，就是蔡邕的爱女。董卓执政，看重蔡邕的才学，任命他为侍中、左中郎将，封为高阳乡侯，给以优厚待遇，而蔡邕也随时在适当的时机向董卓进谏。董卓遭到刺杀之后，平素追随附从董卓的朝廷官员，都被王允抓起来丢监处死。王允本来也想惩治董卓看重的蔡邕，可是一来因为蔡邕的声名太大，二来因为他确实也没有什么为虎作伥的罪过，所以只好住手。

这一日，王允在家大宴宾客，蔡邕也是来宾之一。席间大家谈到董卓之死，蔡邕不经意地发出两声长叹。他的本意，是感喟人生的无常，昨日还是权倾朝野的强人，今朝已成为漂泊无依的野鬼。但是，王允却认定他是在为董卓鸣冤叫屈，当场怒骂他一番，并且不顾公卿大臣的纷纷劝阻，立即把他逮捕处死。

六十一岁的蔡邕无辜被杀，社会舆论为之惋惜不已。事后王允的内心，也有几分后悔。不过王允是一个自尊心很强的人，除掉国贼董卓之后更增添了骄矜之气，难怪他一听吕布的话，脸色立时阴沉下来。

这时，吕布也觉察到了气氛不对。为了转圜，他换了一个话题，说道："此次在郿坞收缴逆贼董卓的私产甚多，有黄金二三万斤，白银八九万斤，以及大批玉器、织锦。可否拿出一部分赏赐公卿百官、领兵将校，让大家得到实惠，高兴高兴呢？"

王允心中正不愉快，他马上把吕布顶了回去："逆贼的私产，自当上缴国库，供公家使用，我们怎么能擅自分与私人，从而让大家来感谢我们啊？"

吕布这时也来了气，心想：叫你杀，你不杀；叫你赏，你又不赏；你是执政官，难道我就不是执政官了吗？于是站起身，一言不发走了出去。王允心中素来不大看得起吕布，认为他不过是一介耍刀使矛的武夫而已，只是为了除掉董卓，才有意与吕布接近交往。董卓一死，王允目的达到，心中又得意，对吕布的轻视不免公然显现出来。他看着吕布的背影，微微冷笑一声，暗自说道："小人得志，不免猖狂！"

吕布回到自己的府邸，左思右想，还是觉得非杀凉州军的那一批将领不可，否则寝不能安枕，食不能甘味。你王允不同意，我就自己干。再说指挥兵马的事，还不是由我吕布决定吗？于是，他以副执政官的身份，逼着尚书台草拟了一道皇帝诏书，下令诛杀牛辅等凉州将领，并且派自己的亲信李肃，也就是在玄武门参与刺杀董卓的那一位，带领一支精兵，前往陕县执行天子的诏命。

这时，牛辅已把李傕、郭汜、张济等部将，派到东边的陈留郡（治所在今河南省开封市东南）、颍川郡（治所在今河南省禹州市）去抢粮食等军需品，陕县的大本营只留自己镇守。牛辅的人马虽然不多，却不愿束手就擒，他立即挥兵出击，在黄河的南岸边与李肃展开恶战。李肃的军队经过长途跋涉又饿又累，被牛辅打了一个措手不及，结果初战即告失利。李肃带领残部，退往陕县西面五十里处的弘农县（今河南省灵宝县北）安营扎寨，同时派遣使者前往长安报告吕布，请求派兵增援。

吕布正在长安眼巴巴地等着李肃送来牛辅等人的脑袋，以便在王允的面前夸耀一番，不料却盼来了这么一个坏消息，真是恼怒万分。他不顾左右的劝阻，登时派出特使驰往弘农县，以违犯军法的罪名把李肃斩首。结果凉州将领没有杀成，他自己的并州老乡先倒赔上了一位。

其实以当时的形势而论，吕布只要派出一支援军，就可以解决牛辅，完全犯不上杀李肃来遮羞。即便不派援军，只要稍微再等一等，也会有人主动把牛辅的脑袋送来。为什么呢？原来，就在陕县激战之后不久，牛辅的军营突然发生动乱，牛辅带了一批金银珠宝逃跑，途中贴身侍从将其杀死，瓜分了他的财物，割下他的脑袋送往长安请赏。这一意外的结果，更使吕布感到脸上无光。愧悔之余，他对王允的态度有所缓和，同时在政务上也收敛锋芒，不再乱出风头了。

李傕、郭汜、张济等凉州将领，在此时回到陕县的大本营。他们发觉主将牛辅已死，无依无靠，决定率军向朝廷投诚。但是他们又转头一想，天子曾经下过诛杀我们的诏命，如今又没有另行颁布赦免的文书，我们前去投诚，岂不是自投罗网吗？要投诚，须得见了赦免文书再说。于是，他们派出可靠的使者赶往长安，说明投诚之意，请求朝廷颁布大赦令。

在这关系到朝廷政局安危的抉择面前，又轮到王允犯错误了。他断然拒绝赦免李傕等人，并且要求他们把自己所统领的军队就地解散，不得迟延！

其实，最初王允还是打算赦免李傕等人的，士孙瑞、吕布都赞成其事。但是很快他又变了主意，说道："这些人只是追随了董卓而已，本来并无罪恶。如果专为他们下达一道大赦令，岂不是向天下宣布他们是有罪之人吗？这非但不能安定他们，还将使之更加忧心忡忡。再说了，今年正月已经发布过一次大赦令，一年当中怎么能大赦两次呢！"

吕布与士孙瑞都缄口不言。倒是另外有人劝告王允，说是这支凉州军队不能随便解散，以免为害地方上的百姓，可以派遣出自凉州而忠于朝廷的名将皇甫嵩，前去担任新的统帅，即可改变凉州军的性质，使之转而效力朝廷。王允听了也不同意，认为这虽然可以安定凉州军的军心，却会使原来反董的关东联军产生疑心。

　　王允的僵硬政策，结果给本已衰落的东汉朝廷，又带来一场大灾难。在这场浩劫中，王允全家都死于非命，吕布也跟着倒了大霉。

　　原来，李傕、郭汜、张济等人得知朝廷的态度强硬，开始时也惊慌了一阵，正准备解散队伍，各自走小路悄悄溜回长安西边的凉州老家躲藏。这时，一个人站出来给他们出谋划策了。此人姓贾，名诩，字文和，乃凉州武威郡姑臧县（今甘肃省武威市）人氏。贾诩素来足智多谋，在牛辅手下担任讨虏校尉之职。当下他对众人说道："听说长安朝廷中有人主张斩尽杀绝凉州人，如果诸君丢下车队单身逃走，就是个小小的亭长也能把你抓住去领赏。这就叫鱼游浅水遭虾戏，虎落平原受犬欺。为今之计，不如一齐带领军队向西挺进，沿途再招兵买马，合力进攻长安，为董公报仇雪恨。假使大事成功，我们就奉天子以号令诸侯，万一攻城失败，到时候再跑回凉州也为时不晚啊！"

　　李傕等人听了。无不拍手赞成。众人立即歃血为盟，发誓要同生共死，随后便点起各自的人马，日夜兼程，杀入潼关，直奔西面的京城长安而来。

　　消息传到长安，王允和吕布才觉得事情有点不妙。因为当时拱卫京城的兵力并不多。五月初十日丁酉，他们终于以朝廷的名义发布了当年的第二道大赦令。与此同时，又委派两名凉州人为特使，赶往东面去劝说李傕等人停止反叛行动。这两名特使，一个是前面提到的胡轸胡文才，另一个名叫杨整修。

胡、杨二人平时就常常受到王允的白眼，临行前又被王允厉声训示一番，心中怨气难消。所以他们一见到李傕等人，反倒说长安的城防空虚，起劲鼓动凉州军继续前进，拿下长安指日可待。李傕等人得此宝贵情报，不禁大喜，于是催兵西进，沿途收集散兵游勇，军队迅速扩大到十万之众。五月中旬快结束时，大军已经推进到长安东面八十里处的新丰县（今陕西省西安市临潼区）。

俗话说："水来土掩，兵来将挡。"如今凉州叛军杀到，堂堂朝廷总要派人去抵挡一阵才说得过去。论理这统兵出战的人选，正该由主持军事而且作战骁勇的吕布担任才对，可是吕布心中却有自己的盘算。首先，他不愿意拿自己的生命去战场上冒险，因为他舍不得娇妻美妾，更舍不得那些从帝王陵墓之中掳掠到手的金银珠宝。其次，他认为眼前这场祸事是王允惹起的，当初劝你发布大赦令你不允，劝你派皇甫嵩去安抚凉州军你也不准，现在弄得局面不可收拾，我凭什么要去为你收拾烂摊子呢？

王允见吕布根本没有统兵御敌的意思，生性倔强的他，心中不免恼怒起来，暗想："堂堂朝廷就只有你吕布能打仗么！"于是他自己出面点将。由于他平素对人态度过于严厉，人缘不佳，结果点将时，这位将军说自己身体有病，那位将军又说自己才能低劣，都不想去冒险卖命。说来也可怜，王允点来点去，最后点到的两名统兵官，竟然都是过去董卓的部将，董卓死后的投诚者，一个就是前面提到过的胡轸，另一个叫作徐荣。

这个胡轸，此前被吕布捉弄过一番的是他，接受王允之命前去劝说李傕等人放下武器的也是他。他本是凉州人，内心一直向着凉州军，所以一到李傕等人那里就暗中鼓动他们急攻长安。他不久回转京城，表面上是回复使命，实际上是充当内应的。难怪他一领兵出城，径直就跑到叛军阵前投降。两军尚未浴血交锋，朝廷这方面先就损失了一支人马。

徐荣此人，是幽州辽东郡（治所在今辽宁省辽阳市）人氏，不属于凉州军的嫡系。他率军来到新丰，与李傕等人白刃相接，展开一场恶战。可惜势单力薄，陷入重围，最后战死沙场。

凉州叛军趁势收容投降士兵，人马又增加到十多万，声威大震。五月二十三日庚戌，叛军包围了京城长安。

　　到了这步田地，吕布再也不能袖手不理冷眼旁观了。他急忙调集城中的现有兵力，部署防守，同时准备亲自出城冲杀一场，一来煞一煞凉州逆贼的威风，二来也向王允显一显自己的本事。当时，长安城北面的凉州叛军聚集最多，指挥攻城的不是别人，乃是凉州军中有名的骁将郭汜。于是吕布带领本部人马亲自扼守北门，并且派人给郭汜送去挑战书，约定次日决一死战。

　　次日清晨，天气晴朗。吕布饱餐之后，又痛饮醇酒三爵，披挂上马。他头戴兜鍪，身披铁甲，手提长矛，腰佩利剑，鞍桥之侧插弓带箭，胯下骑赤兔宝马。带领三千兵马，打开长安城北正中的城门，威风凛凛杀气腾腾，过了护城河，来到芳草青青的原野。他举头一望，但见平原之上布满了凉州叛军的人马，旌旗飘卷，鼓角齐鸣，军阵之前十几名骑马的副将，拱卫着一员主帅，此人身材高大。满脸横肉，穿甲戴胄，提一杆长戟，骑一匹乌骓烈马。吕布当然认得此人，他就是盗马贼出身的凉州张掖郡（治所在今甘肃省张掖市西北）人郭汜。

　　吕布见敌方人多势众，如果兵将一齐上阵恐难取胜，他眉头一皱，计上心来，于是命令身后的将士原地不动，独自一人打马向敌阵驰去。在距郭汜约有五十步处，吕布收住马缰，向郭汜一拱手，高声叫道："郭将军别来无恙？今日你我对阵，依靠别人帮忙者，赢了也算不得英雄。你敢不敢喝退手下的将士，独自与我吕布决一胜负啊？"

那郭汜从小就是天不怕地不怕的角色，哪里经得住吕布这一激？他立即命令手下将士退后一百步，然后怒吼一声，挺起长戟就直奔吕布而来。这边的吕布也催动赤兔马，舞起百炼钢矛相迎。两军阵前，只见黄尘滚滚，寒光闪闪，好一场恶战！

两员猛将交手近一百个回合，依然不分胜负。这时，吕布的赤兔马体力不减，回旋冲刺迅疾如风，而郭汜的乌骓马在步伐上却略有迟缓。郭汜发觉马步不应人心，知道不好，正要打马退阵之际，不防吕布一个急转身，那钢矛直刺郭汜的大腿。郭汜躲闪不及，腿上中了一矛，鲜血喷涌而出，他高叫一声，拼命打马往回奔逃。郭汜的十多名部将见状，一齐飞驰上前把他接回。吕布也不追赶，哈哈大笑一阵，收兵回城去了。

这场小胜，虽然为吕布挣回了面子，却不能改变长安被重兵围攻的大局。之后凉州叛军加紧了攻城行动，挖城墙，掘地道，搭云梯，昼夜不息。幸好长安的城墙又高又厚，所以叛军一时也未能得手。

　　但是，长安在陷入包围八天之后，也就是六月初一日戊午，终于被攻破了！

　　问题正好出在吕布的防区，使他几天前战胜郭汜的得意心情一下子消失无余。原来，他的防区中有一支从蜀中（今四川省）调来的部队，汉代人称"蜀"为"叟"，所以这支部队被叫作"叟兵"。蜀中与凉州邻接，叟兵中有人与凉州叛军相识。李傕等人便利用这层关系收买叟兵，于是叟兵便在六月初一日天还未亮时打开城门。当凉州叛军如潮水一般涌入长安城时，城中的居民大多还在睡梦当中。

　　吕布得知消息，一面安排家属向城南躲避，一面组织手下的人马展开巷战。与此同时，一批忠于朝廷的官员，包括太常种拂、太仆鲁旭、大鸿胪周奂、城门校尉崔烈、越骑校尉王颀等人，都率领下属投入战斗。但是，凉州军素来凶悍，而且人多势众，血战近两个时辰之后，天色大明，上述种拂等五名高级官员全部阵亡，被杀的守军与百姓达一万余人，街道上尸体横陈，血流满地！

　　这时，吕布的手下人马，也只剩下侍从骑士几百人。他知道大势已去，便率众直奔城南，与家属会合后，准备出城向南逃奔。途中经过皇宫时，他正好碰上赶到宫中保护小皇帝的王允。吕布勒马宫门之外，高声招呼王允道："王公，愿意和我一起走吗？"

王允心中一热，不禁老泪纵横。他向吕布拱了拱手，说道："将军，皇上年幼，只有依仗老夫保护而已，我不能临难逃避。如有意外，当以此身报效国家。将军此去多加珍重！"说完决然转身，大步走进皇宫去了。

吕布仰天长叹一声，忍住眼中的热泪，双腿一夹，催动赤兔马直奔南门，当天逃离长安。这朵自四月二十三日开放的政界昙花，只展现了三十七天的"芳容"，便从京城的中央政治舞台上凋谢了。这正是：

昙花一现凋零快，执政高官又下台。

要想知道吕布黯然离开了朝廷中央的政治舞台，又将到何处投靠安身，请看下文分解。

第七章

寄人篱下

　　吕布一行奔出长安城的南门，取道东南，经蓝田县（今陕西省蓝田县西）、上雒县（今陕西省商洛市商州区）、商县（今陕西省丹凤县），前往武关（今陕西省丹凤县东南）。这一条大路，自古是穿越秦岭连接关中地区和江汉平原的要道。当初汉高祖刘邦在诸侯之中率先打进咸阳，走的就是这条路；后来唐朝的韩愈因上表谏迎佛骨，被逐出长安贬往潮州（治所在今广东省潮州市），走的也是这条路。韩愈的诗中有名句云："云横秦岭家何在？雪拥蓝关马不前。"描绘的就是沿途实景。

现今吕布取道武关，倒不是想看那云横雪拥的好景致，而是逼得没有办法，只有这一条路可走。那凉州叛军从长安城的东边、北边如潮水一般涌来，东路和北路都被截断，去不了。走西路吗？西路通往凉州，那是叛军的老窝，敢去送死吗？三方受阻去不得，当然只有从南面这条路溜之乎也了。

还有一层重要原因，是吕布认为南边有一位好靠山。此人非他，即是参加了反董联军的后将军袁术。

袁术，字公路，乃豫州汝南郡汝阳县（今河南省周口市西南）人氏。上文介绍过的袁绍，便是他的异母哥哥。作为名门公子，袁术很早就进入仕途，而且官运亨通。董卓进入洛阳，任命袁术为后将军。袁术不愿与粗鄙的武夫董卓合作，便离开洛阳南下，逃往荆州，趁乱割据了南阳郡（治所在今河南省南阳市）。当时的南阳是一个大郡，民殷物阜，所辖三十七县，在册人口达到二百四十万之多。袁术凭借雄厚的基础，招兵买马，参加反董联军，成了割据群雄之一。联军之中那位率先杀入洛阳，逼得董卓撤往长安的骁将孙坚，就是袁术的部下。

吕布坚定地认为：自己虽然曾在洛阳与袁术的部将孙坚打过一仗，但那都是从前的事了；现今自己直接去投靠袁术，他袁术一定会接纳，还有可能被视为上宾，为什么呢？因为我吕布替他们袁家报了血海深仇啊！

原来，关东各路诸侯组成联军声讨董卓，不仅袁绍、袁术兄弟是其中的主要成员，而且袁绍还被推举为执牛耳的盟主。董卓因此对袁氏恨之入骨，迁都长安之后，下令把随迁的袁氏亲属，包括在朝任太傅的袁术叔父袁隗，任太仆的袁术哥哥袁基，以及袁绍的生母、姐妹、侄儿、侄女总共五十多人，全部都砍头处死，连吃奶的婴儿也未能幸免。就这样董卓还不解恨，又下令把尸体全部丢进长安城的东门外一个大坑中掩埋，坑边立了一通石碑，上书"反逆袁氏之家"几个大字。消息传出，天下士大夫都为袁氏遭此大祸而深表同情，袁绍、袁术二人更是恨不得喝董卓的血吃董卓的肉。如今我吕布亲手杀死董卓，岂不是为这两兄弟报了仇雪了恨吗？因此，吕布尽管离开长安城时走得慌忙，仍然没有忘记给袁术带去一件特殊的见面礼，他深信此举定会使袁术惊喜莫名。这件礼物，就是装在木匣中的董卓头颅。

吕布一行日夜兼程，风餐露宿，十多天后到达了南阳郡的首府宛县（今河南省南阳市）。果然不出吕布所料，袁术给了他热烈欢迎和盛情接待，安排他一家和部下住进宽敞华丽的宅邸。粮食、衣物及生活用品一律从优供给，二天一小宴，五天一大宴，为吕布一行接风。吕布在高兴之余，不免暗自得意，觉得自己带上董卓的头颅作为礼物真是英明之极。但是他并不知道，袁术之所以如此厚待他，除了董卓人头的作用外，还有另外一层原因。

当初，在起兵讨伐董卓的关东十一路诸侯之中，最早萌发当皇帝这种野心的，就是出自名门的袁术。汉室衰微，群雄并起，表面上都说是要扶助朝廷，实际上都有逐鹿问鼎的政治野心，只不过起野心的时间有早晚之别而已。袁术之所以会起野心最早，与以下两件事密切相关。

第一件事，是早年他读到一本谶纬书，书中有这么一句话深深打动了他的心："代汉者当涂高。"汉代流行一种书籍，其中是一些充满神秘色彩的政治预言，当时称之为"谶纬"。谶纬自然是一种迷信，实际上是一些善于拍马屁的读书人，为那些所谓"真命天子"的出世制造神圣的根据。例如，光武帝刘秀想当皇帝，有人就说谶纬书中早就有"卯金修德为天子"的预言，可见天意已是如此，这还错得了吗？这里的"卯金"，是指刘秀的"刘"字，即繁体字的"劉"。蜀汉刘备要过天子瘾，有人就说谶纬书中早就有"天度帝道备称皇"的话，其中的"备"，就是指刘备呀，岂非证据确凿吗？至于上述"代汉者当涂高"一句，后来有人说是指取代汉朝的魏朝，因为"当涂高"，意思是正当大路的高大建筑物，而

"魏"字作为名词，含义是天子宫门外的高台，正好对应了"当涂高"三字嘛。但是，袁术的理解却不同。他认为，"当涂高"者，姓名对应着"涂"字的人，才应该高升为皇帝也；"涂"字的含义是指道路，我袁术的"术"字，正好就是道路的意思，所以我的表字才会取为"公路"呀；如此看来，取代汉朝当皇帝的人，舍我其谁啊？

此后发生的第二件事，更吊起袁术当皇帝的胃口。原来他的部将孙坚，在上一年的四月攻进京城洛阳时，曾在城南皇宫的一口水井中，发现了当初宦官张让等带着小皇帝出逃小平津时，匆匆丢失的一方御用玉玺。说起这方玉玺，那可是大有来历。它是秦始皇下令刻制之物，由蓝田美玉琢成，横截面见方一寸，约合今 24 厘米，玉玺上端为五龙盘绕的印纽，下端的印面上，刻有李斯所书的篆文八字"受命于天，既寿永昌"。秦亡，由汉高祖刘邦获得，称帝之后随身佩带，从此世代皇帝相传，故而称作"传国玺"。不久，孙坚在襄阳（今湖北省襄阳市）作战时中箭身亡，袁术立即逼迫孙坚的妻子交出这件稀世之宝。传国玉玺都拿到了手，还不该我袁术取代汉朝建立袁家天下吗？

不过，要想当皇帝，必须有得力之人为自己效命，充当爪牙打天下，这才能够成功，所以汉高祖刘邦有韩信、樊哙、黥布、彭越，光武帝刘秀更有云台二十八将。袁术当时麾下的战将，出色的算来算去只有孙坚一人，可惜已经不在人世了。袁术正在这"闻鼓鼙而思将帅"之际，名震天下的飞将吕布竟然主动前来投奔，他怎么能不热烈欢迎盛情接待呀！

可惜的是，吕布根本没有想去给袁术充当捕捉狡兔的走狗和射杀高鸟的良弓。他倒不是怕重蹈"狡兔死，走狗烹；高鸟尽，良弓藏"的覆辙，而是根本不觉得自己要比袁术低一等。论官位，吕布并不比袁术低，甚至还当过一个月的副执政官；论功勋，吕布亲手除了国贼董卓；论人情，吕布替袁术报了家仇。所以在吕布看来，自己是袁术的客人，而且是有大恩的客人。主客的关系是平等的，你袁术岂能随便指挥我？我在你这里只是暂住一时，以便扩充人马，补充给养，一旦元气恢复就将远走高飞自争天下。你袁术应当知恩图报。帮我恢复元气才是道理。

抱着以上的想法，吕布不久便向袁术提出要兵要粮的种种要求来。袁术却不过情面，本要拨给他一份，不料却遭到幕僚们的劝阻，他们说："主公，这吕布乃是一个反复无常忘恩负义之人。当初丁原提拔他，他进了京城就杀死了丁原；董卓收他为义子，他一翻脸又杀死董卓。现今主公如果扶助他，一旦他羽毛丰满，恐怕就是主公忧心之时。您可要三思啊！"

袁术猛然醒悟，心想："人无远虑，必有近忧。"于是以种种理由，一再敷衍，把吕布的要求拖了下来。

时间一久，吕布也看出一点苗头，他暗自发怒道："好你个袁术，知恩不报，还想哄骗我！你不给人给粮，难道我就不能自己去抢吗？"从此他开始带领自己那几百骑兵，三天两头驰往附近各县的境内去活动，表面上说是打猎，实际上是抓壮丁、抢马匹、夺粮食、掳妇女。干这种缺德事，他是老有经验了，所以没用多久便弄得各县百姓惊扰不安，鸡飞狗跳，便纷纷向上告状。

袁术得知消息，一面调集重兵到自己所住的宛县城中，加强戒备以防不测，一面又部署精悍军队在附近各县维持治安，碰到任何人抢掠都要迎头痛击。

吕布终于发觉在南阳郡再也待不下去了。他想："还是好离好散吧。"便亲自向袁术提出，说自己要离开南阳。

袁术巴不得送走这位瘟神，所以并不挽留，随即给吕布送去一些粮食布匹，然后派下属礼送客人出境。

这正是秋高气爽的时节，"潦水尽而寒潭清，烟光凝而暮山紫"。吕布一行离开了宛县，在青山绿水之间缓缓北上。美丽的山光水色，他根本无意欣赏，因为一股漂泊无依的感觉攫住了他的心，他不知道此行能不能找到一个合适的落脚点。他的目的地，是正北方七百里开外的河内郡（治所在今河南省武陟县西），也就是当初他假扮成黑山军抢人放火的地方。吕布此番再去河内，是想投奔昔日的好友兼并州老乡张杨。

当初张杨与吕布同在并州刺史丁原手下效力，二人关系相当亲密。吕布随丁原进京之时，张杨奉大将军何进之命，回并州招募兵马。等到张杨从并州返回，何进已被宦官刺杀，京城洛阳陷入一片混乱。张杨便带着所招募的并州子弟兵，在洛阳北面的地域占山为王，而活动中心主要在河内郡一带。董卓执政，为了拉拢张杨，便正式任命他为建义将军，兼河内郡太守。这样，他从山大王又摇身一变，成了朝廷命官，掌管河内郡的军政事务。董卓死后，张杨依旧占据河内，静观时局变化。吕布认为自己与张杨有老交情，其部属几乎清一色是并州老乡。后世的俗话说，"老乡见老乡，两眼泪汪汪"。他想，此去河内，总不会像在南阳那样饱受排挤吧。

河内郡的首府怀县（今河南省武陟县西），位于黄河北岸四十里处的沁河平原之上。得知吕布要来投奔的消息，张杨非常高兴。所以吕布一过黄河，便有人前来迎接，在他到达怀县城的南门郊外时，张杨早已亲自在那儿等候多时了。

三载阔别，两人自然有很多话说。吕布主要叙述了长安朝廷政局的变化，而张杨则着重介绍了关东联军各路诸侯的情况。张杨虽是一介武夫，但是生性比较温和，吕布看着他那蔼然可亲的笑容，听着他那熟悉的乡音，不禁有了一种回到家的温馨感觉。

鉴于在南阳的教训，吕布到了河内后注意约束部下，不准出外抢掠骚扰民间，算是规规矩矩过着日子。他本以为这样一来，可以在河内久留一段时间，然而他很快发现，自己想错了。

跟他过不去的是李傕和郭汜。

六月初一日吕布逃出长安城后，王允保护着小皇帝刘协逃出皇宫，避开大街走小巷，专挑那没有乱兵的地方奔去。此时凉州叛军不断向南面的皇宫区集中，城东北的兵马反倒稀少下来。王允一行东跑西躲，在暮色四合的傍晚时分，竟然跑到了城东的北端那座叫作宣平门的城楼上藏了起来，直到第二天才被发现。

李傕与郭汜立即挥兵包围了城楼，他们正要冲上去，不料这时小皇帝刘协，在王允的陪同下出现在城楼上。十二岁的汉献帝倒还镇静，看着在城楼下面纷纷伏地叩头的李傕、郭汜等人，开口说道："京城之内，你们怎能大动刀兵胡作非为！你们究竟想干什么？"

为首的李傕赶忙回答道："太师董卓忠于陛下，却无缘无故被吕布等人杀害。臣等此次进京，只想为董太师报仇，绝对不敢为非作歹。事情办完之后，臣等自当前往朝廷，承担惊扰陛下的罪责！"

在城楼上的王允听得明白，他知道今天自己不下楼的话，连皇上的安全都无法保障，于是向皇帝跪拜行礼，决然下楼自投罗网。

五天之后，也就是六月初七日甲子，五十六岁的王允，以及其家属宗亲共十余人，全部被乱刀砍死。参与诛杀董卓密谋的官员，都惨遭灭门之祸，唯有那位归功于他人不受奖赏的智者，也就是士孙瑞，得以安然无恙，有识之士莫不佩服他的先见之明。

杀了王允等人，李傕自任车骑将军，郭汜自任后将军，两人都封为县侯，共同控制朝政。一朝权在手，便把令来行，他们立即以朝廷的名义，发布公文到河内郡，要求张杨及其部下，就地捕杀逆贼吕布，凡有送吕布脑袋到朝廷者，升高官，封万户侯，外加重金奖赏。

这一道文书到达河内郡之后，张杨和他的部下心情都不平静了。尤其是张杨部下中那些贪婪而莽撞的角色，都恨不得马上砍下吕布的脑袋，独自提到长安去请赏。幸好他们也知道这位老乡的武艺好生了得，心中虽然急不可耐，而手上却不敢轻举妄动。不然，吕布纵有一百颗脑袋也不够砍了。

吕布现在比较小心谨慎，所以很快觉察到情况有些异常。平常谈笑风生的这些友军老乡们，忽然见了他都显得话语少了很多，特别是他们的眼光变得很奇怪，总在自己的脖子上游移。他赶忙通过关系了解，终于得知内情，不禁大吃一惊。

在府邸的内堂之中，吕布独自望着阶前的青青芳草，开始紧张地思考。怎么办？武力抵抗，力量对比悬殊，必定失败。看来三十六计，依旧还是走为上策。不过，眼下仓皇逃走，对方虎视眈眈，未必就跑得脱。而要想跑得脱，恐怕先得耍点花招麻痹对方。思索一番之后，吕布有了主意，便起身来见张杨。

张杨一听吕布求见，忙问手下，吕布带来了多少人。手下回答只有一人随从，张杨这才放下心，吩咐请客进府。宾主见礼，席地跪坐，吕布也不绕弯，直截了当说道："稚叔兄，李傕、郭汜悬赏要我吕布的头颅，此事我已经知道了。"

张杨大惊失色，正要有所动作，吕布一挥手止住他。待他重新坐定，吕布拱手就地深施一礼，继续说道："仁兄没有执行李、郭二人的指令，使我得以保全性命至今，大恩大德，没齿不忘！不过，他二人以朝廷名义发号施令，而仁兄乃朝廷命官，难以长期抗命，今日就请把我吕布的头颅拿去吧！"说完他躬身把头向前仲山，做出一副引颈受戮的模样。

那边的张杨慌忙起身走过来，一面扶他立起身子，一面说道："奉先，我宁可承担抗命的罪责，也不能用同乡老友的生命去换取奖赏啊！"

吕布挺直身，叹息道："其实，真正杀了我吕布，李傕与郭汜未必会兑现所许诺的重赏，因为人死不能复生，到时候你拿他们也无可奈何。仁兄倒不如同他们通报，说是已经把我牢牢控制在手中，只要朝廷再提高奖赏并且事先兑现，就可以把吕布活着送到长安，由朝廷处置。这样仁兄既可得到更大的实惠，又不会落下杀死同乡老友的恶名，岂不两全其美吗？"

张杨沉思有顷，点头应允。吕布告辞之后，张杨立即严令部下，任何人不准擅自动吕布的一根毫毛，同时派遣使者前往长安，按吕布所言向朝廷提出条件。

那时候，从河内郡的首府怀县到长安，单程将近一千里之遥。张杨派出使者之后，便急切地盼着回音，倒把对吕布动静的监视暂时忽略了。

就在使者启程不到十天之后，吕布终于率领家属和部下，在一个月黑风高的夜晚，安然逃出河内郡地界，奔往东北方向的冀州（治所在今河北省临漳县西南）。这正是：

寄人篱下难长久，月黑风高走冀州。

要想知道吕布此番到了冀州，能不能得到当地主人家的收容和接待，请看下文分解。

第八章

效力冀州

　　这时候的冀州，是在关东反董联军盟主袁绍的手中。

　　当初函谷关以东的十一路诸侯结成反董联盟，大家曾经对天庄严起誓，那誓言的末尾说道："凡我同盟之后，毕力致命，以讨凶丑，同奖王室，翼戴天子。有渝此盟，神明是殛，俾坠其师，无克祚国！"说得来真是慷慨激昂，大有诚贯金石而义薄云天的模样。可惜很快这誓言便变成空话，先是联军开到前线之后，大多数人怕自己实力受到损害，不愿带头冲上去与董卓的人马交锋；接下来各路诸侯又发生内讧，彼此之间先倒打得个你死我活。魏文帝曹丕后来在其《典论·自叙》中曾形容当时的情况是："名豪大侠，富室强族，飘扬云会，万里相赴。……大者连郡国，中者婴城邑，小者聚阡陌，以还相吞灭。"知道了这一背景，那么对于攻入洛阳的仅仅只有孙坚的这一支队伍，就不会感到奇怪了。

作为盟主的袁绍，就没有作出一个好榜样。他是最早参加内部争夺的诸侯之一，并且在初平二年（191 年）的七月，采用软硬兼施的手段，赶走了冀州的军政长官韩馥，从而霸占了冀州。

冀州的首府，当时在邺县（今河北省临漳县西南）。袁绍进了邺县的府邸，正想好好摆一摆冀州牧的威风，却不料邺县附近山区中有一支人数众多的农民武装，频频向他发起了攻击，甚至一度占领过邺县，弄得他在刚刚当上冀州牧的两年时间里，居然一直没有过上安稳的日子。

这支农民武装，便是著名的黑山军。黑山军与黄巾军一样，都是由举兵反抗政府腐败政治的农民组成。不过，黄巾军的活动几乎遍及全国，而黑山军的根据地则集中在冀州西部的山谷之中。黑山军有几十支分队，人马总数超过百万。其总首领姓张名燕，乃冀州常山郡真定县（今河北省正定县南）人氏，与一身是胆的赵云赵子龙是同县老乡。张燕也是一员剽悍异常的勇将，交锋之时身手极其快速敏捷，故而全军送他一个"飞燕"的美名。张燕的活动根据地，主要在邺城西北的西山（今太行山）东麓，直线距离不过三百里，对邺县形成极大的威胁。袁绍一直想对西山的黑山军发动一次歼灭性的打击，但是顾忌到张燕的勇猛善战，其部下的骁悍亡命，不禁犹豫踌躇。就在这节骨眼上，名震天下的"飞将"吕布突然前来投奔，确实让袁绍大喜过望。

吕布一行到达邺城，受到袁绍极为热情的款待，连他本人都感到有些意外。他最初还以为袁绍是以此感谢自己替袁家除去了大仇人董卓。及至后来袁绍提出要求，请自己助阵进攻黑山军，他才明白这是怎么一回事。

事到如今，也容不得吕布推辞，否则冀州便没有他的立足之地。再说吕布好久没有打过恶仗了，不免有点技痒，也想在冀州小试身手，显显并州"飞将"的厉害。于是，他一口答应袁绍的请求，而且主动提出：自己要出阵就不能当配角，要当全军的先锋！

袁绍求之不得，立即给吕布配备了上千名骑兵，不少的塞外名马，以及一批精工制作的武器。同时下令在冀州调兵遣将，为大规模进攻黑山军作充分准备。

这是初平四年（193 年）的七月，袁绍的三万大军调集整训完毕，扫荡黑山军的行动正式开始。他亲自出任全军主帅，以吕布为先锋，浩浩荡荡杀向黑山军占据的西山。

这西山是现今太行山脉中的一段，呈南北走向，绵延数百里，险峻雄伟。袁军沿着西山的东侧，由南向北推进，作梳篦式的清剿。一路之上，势如破竹，接连摧毁黑山军分队头领左髭丈八、刘石、青牛角、黄龙、左校、郭大贤、李大目、于氐根等人的营垒，斩杀和俘虏的敌军数以万计。这些黑山军的分队首领，多是不识字的农民出身，所以没有正规的名字，相互便以绰号称呼，眼睛大的叫李大目，胡须多的叫于氐根。"氐"者，公羊也，公羊的胡子不是又多又长吗？

每次出战，袁绍均派吕布的骑兵为先锋冲击敌阵。吕布催动赤兔宝马，舞起寒光闪闪的百炼长矛，登山越堑，驰骋如飞。在他身旁，总是有几十名身经百战的老部将跟随，然后便是上千名训练有素配合默契的铁骑兵，犹如旋风一般掠过战场。黑山军的支队，多是临时揭竿起事的农民，没有受过正规的军事训练，当然抵御不住这强劲的打击。袁军每战必胜，节节推进，不久便杀到冀州常山郡（治所在今河北省元氏县西北）地界。

西山的北端，从常山郡的正南面插入，这里便是黑山军总头领张燕的根据地。张燕一听袁绍的大军杀到，同来者还有并州的"飞将"吕布，不敢轻忽，连忙召集直属自己的全部人马，共有步兵近两万，骑兵数千，精心选择了一处有利地形，摆开阵势，以逸待劳，静候袁军的到来。

张燕所选择的战场，是在西山北麓滹沱河边的平川之上。他认为自己的骑兵比对方多。而且其中不少是来自北方大草原上的屠各族、乌桓族骑士，必须在开阔地带才能充分发挥其威力。再说一旦作战失利。在平原上还可以骑马往任何方向上逃跑，求生的机会也大得多。

袁绍得知张燕在平川之上安营布阵，便命令全军在西山上休整三日，待将士去除了半月征战的疲劳之后，再整队下山，与张燕一决雌雄。

大战一开始，袁绍仍然用老办法，即先派吕布的铁甲骑兵冲击敌军阵势，待敌阵混乱之际，再出动主力军团掩杀。吕布见张燕部署在前面的骑兵方队，不仅人数甚多，而且阵势与此前的黑山军大不一样，知道此番必有一场恶战，立即向自己的并州铁骑下达严令：保持队形，随我冲锋，后退者斩！前进者赏！部署完毕，吕布在几十名亲信部将的簇拥下，率先冲向敌阵，顿时黄尘飞扬，马蹄声撼动大地！

袁绍和张燕双方的将士，多半是冀州人。他们此时都在注视吕布骑兵的行动，大有冀州人观赏并州人军事表演的意味。吕布的人马也觉察到这一点，无不抖擞精神，要一显本事，那士气比平时要高过一倍。吕布的并州铁骑，不论将军和士兵，惯使长矛大戟，杀伤距离远，马前五步即可致敌死命。这时，只见上千铁骑兵挺起长矛大戟，呼啸着冲入敌阵，逢人挑人，见马刺马，势不可当！张燕的骑兵，特别是屠各族、乌桓族骑士，平常喜欢用刀、剑等短兵器，结果一接触就吃了大亏，刀、剑还未挨上对方的身体，自己却先中了对方的矛、戟，并州铁骑过处，张燕的骑兵便倒下一大片。

不过，张燕的骑兵毕竟是黑山军的精锐，局部受损而大阵形依然不乱。他们依仗人数上的优势，不断向吕布的骑兵队包围上来，而此时的并州铁骑则重整队伍，再度发起整体性的冲击，直杀得天昏地暗，遍地血红！

就这样连战十余天，每天吕布的骑兵至少反复冲锋陷阵三四次，张燕的骑兵或死或伤或逃，损失惨重。最后，有"飞燕"之称的张燕亲自出马，与有"飞将"之称的吕布交手，双方在滹沱河畔大战上百回合。张燕渐渐支持不住，飞不起来了，连忙带领一千多名亲信随从，逃往西北的深山。其麾下的两万多人马，除阵亡和逃散者外，全部成为袁军的俘虏。

这场扫荡黑山军的战役，经过大小百余战，驰骋近千里，终于以袁绍一方取得彻底胜利而结束。胜利者袁绍，至此才算完全解决了冀州境内的统一和安定问题，并且通过大量收编黑山军的俘虏，大大加强了自己的武装力量。因此之故，在从常山凯旋回邺城的途中，他踌躇满志，面有得色，大有天下英雄舍我其谁的模样。

但是，同归的吕布，心情就大不一样了。吕布心中涌动的是一股强烈的不满情绪。他认为，此番征战，是自己离开长安寄人篱下以来，替他人效劳中最为卖命卖力的一次，然而得胜之后袁绍对自己毫无酬谢慰劳的表示，真是岂有此理！他生平第一次尝到了被人利用是什么滋味，心想：我吕布不能为你袁绍白出力气，你不主动给我酬报，难道我就不会自己索要吗？主意既定，吕布一回到邺县，便向袁绍提出第一个要求，请拨给五千兵马，以便补充和加强麾下先锋军团的力量。

袁绍也和他的异母弟弟袁术一样，对于骁勇善战而又反复无常的吕布，怀有很深的戒心，再说黑山军已被打垮，袁绍的目的已经达到，所以他断然拒绝了吕布的增兵要求，只象征性送去一些财物以示慰劳而已。

冲击千军万马如入无人之境的吕布，在袁绍面前却碰了一鼻子灰，不禁怒火中烧，暗自骂道："枉自你们袁氏兄弟还出自名门华胄，竟都是忘恩负义的小人！"这一次吕布真的发起横来，他想：奖赏我可以不要，这场大战中损失的兵员不能不补充，不然老子出了力还要倒贴老本不成！

于是，每隔数日，他便派出部下，到邺城附近的农村去抢掠一番，以拉壮丁为主，兼及妇女、财帛、粮食，见到什么就抢什么，纯粹如盗匪出山的行径。邺县附近是人烟稠密、物产丰富之区，所以几次行动下来，吕布着实捞到不少收获，而邺城左近的民众却陷入恐怖与惊惶之中。

让"飞将"在冀州的首善之区这般胡作非为，当然不行，答应他的要求更是后患无穷，思虑再三之后，袁绍决定要烹走狗、藏良弓，便暗中开始筹划铲除吕布之计。在吕布这一方面，他其实是把抢劫作为一种要挟手段，迫使袁绍给自己满意的酬报。但是，几次抢劫之后对方仍无表示，局面形成僵持，吕布突然有一种极其无聊的感觉，便决心离开冀州另觅安身之处，于是他带领几员心腹骁将，前往袁绍的官邸。

袁绍正在与文武下属议事，听说吕布一行数人来见，赶忙在大厅两侧加强了警卫力量，然后才请吕布入内。主客见礼，入席跪坐，吕布首先开口道："本初，我在冀州叨扰多时，心中甚为不安，现已决定不日离开贵地，特来告辞，并致谢意。"

袁绍一听很感意外，虽说这是他求之不得的事，却也不能不做一做姿态，他说："奉先，您怎么说走就走？冀州还要借重您的威名呢！我已经决定，让您兼任司隶校尉的职务，不知您意下如何？"

自从关东十一路诸侯起兵讨伐董卓以来，作为盟主的袁绍，就以朝廷受到董卓控制为由，自己代表天子授予别人官位，这在当时叫作"承制拜假"。"承制"者，秉承皇帝旨意也；"拜假"者，拜授临时官职也。比如曹操在参加联军时，本是已经离职的官员，袁绍便授给他一个代理奋武将军的官号。吕布曾经正经八百地当过几十天朝廷执政官，对于袁绍这种私封的官衔根本瞧不上眼。他常常奚落袁绍手下的部将，笑他们的"某某将军"官衔，不过是冒牌货，没有自己的"奋威将军"来得正宗，为此袁绍的下属对他恨之入骨。不过这一次，吕布没有嘲笑袁绍给的官衔"司隶校尉"不地道。因为他想早一点离开，不愿惹恼袁绍；再说这司隶校尉，一直是袁绍自己兼着的官衔，他今天能奉送出来，哪怕是嘴上的空人情，也很不容易了。于是吕布说道："您的美意我心领了，不过我去意已定，日后有机会再来冀州效力吧。"

袁绍也不再劝他，径直问道："此去何处？何时启程？"

吕布的回答同样很简短："拟往河内，后天动身。"

第二天，袁绍派下属官员来到邺县南郊的吕布营地，送上一笔数量可观的赠礼，同时还带来一支三十人的卫队，说是这些近卫健儿代表袁绍自己，护送吕将军一程。吕布笑眯眯地收下了金银财物，当他的眼光转向那全副武装的三十名穿甲武士时，心里不禁一动。他想：我吕布威名流播天下，何须他人护送？此番袁绍殷勤得过分，莫非有诈？我得留点神，免得受他人暗算。心中有数，他不露声色，吩咐侍从把来人全部安置在自己的大帐旁边住下，好酒好肉款待，而自己则坐下来考虑对策。

最为简单的办法，便是把三十人一阵乱刀砍死，这件事对吕布而言只是小菜一碟，很容易就能办到。但是眼前他们并无要加害自己的确凿证据，杀了他们岂不输理，使自己不能顺顺当当离开冀州？左思右想，吕布觉得此番在冀州，完全是袁绍对不起自己，而不是自己对不起袁绍，干脆在最后这件事情上再礼让袁绍一次，使自己做一个十全十美的好人。三十名武士真想杀我的话，我要叫你们碰不到一根毫毛，还放你们回去，让袁绍今后一想起此事来就羞恼不已。

当天夜晚，吕布所居住的大帐之内灯火通明，他一面饮酒，一面欣赏军中艺人弹筝。这筝本是秦国故地的乐器，汉代流行于并、凉二州，形制也发生改变，修长如瑟，向上拱起呈弧面，上置十二弦。吕布出自并州，故而喜听弹筝。在弹拨乐器之中，筝的声音高亢响亮，独具苍凉雄浑之北方文化韵味。南朝梁简文帝萧纲《筝赋》有云：

听鸣筝之弄响，闻兹弦之一弹，足使游客恋国，壮士冲冠！

足见筝声是如何的感人。

大帐之中的吕布在专心地听，大帐旁边帐篷里住的那三十名武士。听得比吕布还要专注。他们此番确实负有袁绍交待的特殊使命，要在今夜人们熟睡之后，潜入大帐砍死吕布，再一齐冲出营门，回城复命。此时此刻，他们已熄了灯火，假装安睡，实际上早就装束停当，抱着利刃躺在被中。单等隔壁大帐的筝停灯灭，便要去了结吕布的性命。

将近半夜，筝声停了，接着灯火也灭了。等得心急火燎的三十名刺客，悄无声息地起身，鱼贯潜入了大帐，一步步摸到吕布的床前，对准枕头、被盖就是一阵乱刀砍下。约莫砍了两三百刀，估计吕布已被砍为肉酱。恰在这时，吕布营中巡夜的哨兵，发现大帐之内有异常动静，连忙发出警报。那些刺客立即夺路杀出营门，回城向袁绍请功去了。

在邺县城中坐等好消息的袁绍，得知吕布已被乱刀砍死，大为高兴。不过刺客们并未带回头颅，心中总有几分不踏实。天亮之后，出城打探消息的人跑回来报告，说是吕布并未殒命，甚至毫发无伤，正在指挥自己的兵马上路南下。这是怎么一回事呢？

原来，饮酒听筝，乃是吕布使出的障眼法。他听到一半时，即悄悄从后面出了大帐，躲到另外地方去部署军队，准备凌晨拔寨启程。那三十名刺客所砍杀的"吕布"，不过是堆成人形的衣被而已。

这一下袁绍大为紧张，他深知吕布和并州铁骑的厉害，自己的杀心暴露，吕布难道不打进邺城来报复吗？昨夜手下的精干人员都未能得手，说明这并州佬是何等狡猾，他现在指挥兵马上路南下，是不是又在耍花招，想使我放松戒备然后杀一个回马枪？想到这里，袁绍心中一惊，立即传令：关闭邺县所有城门，严防外敌侵入！同时调动兵力，加强城南的防守。

但是，这只是一场虚惊，就在邺县全城戒严如临大敌之际，吕布已经南行近百里，进入河内郡的地界了。这正是：

　　　　金蝉脱壳筝声里，河内流亡又一程。

要想知道吕布此时为何要奔向河内郡，在那里又会有何种遭遇，碰到什么样的飞来好事，请看下文分解。

第九章

飞来好事

　　吕布离开邺县南下河内去干什么？是想吃回头草，再去投奔张杨。

　　俗话说："好马不吃回头草。"吕布此举，实出无奈。此前他从南阳郡跑到河内郡，又从河内郡跑到邺县，都是在往北边跑；冀州是袁绍的地盘，而邺县是在冀州的南端，再往北跑的话，依然逃不出袁绍的手掌心。情急之下，横扫千军如卷席的吕布，也只有跑向南边，去吃回头草的法子可想了。

吕布骑在赤兔马上，望着原野上被秋风吹黄的枯草，心情好不愁闷。他不知道此番去河内，是否会被张杨及其部下接纳，如果李傕、郭汜以朝廷名义颁发的悬赏文书依然有效的话，一到河内就可能被别人出卖，那才是冤哉枉也。

正愁闷间，吕布发现左前方有一条岔路，蜿蜒如带，伸向遥远的天边。他便向侍从随便问道："此路通往何处？"

侍从答复说："通往兖州的陈留郡（治所在今河南省开封县东南）。"

吕布心中猛然一动：陈留郡？陈留郡的太守不是张邈么！我与张邈曾在洛阳结识，当时关系不错，我为何不到陈留郡去拜访拜访他呢？说不定在他那里还有立足之地嘛。在此期间，我先派人到河内郡去联络，视张杨的态度如何再决定是否去河内郡，岂不甚好？

主意打定，他立即传令：改走左边岔路，前往陈留郡。

此时陈留郡的太守张邈，字孟卓，乃兖州东平郡寿张县（今山东省东平县西南）人氏。他和其弟广陵郡太守张超，均是首先策动关东诸侯联合声讨董卓的著名人物。这张邈为人自来行侠仗义，别人如有难处求他援助，他必定大力扶持，即使倾家荡产也在所不惜，因此在兖州享有很高的声望。最初他在旧京洛阳当官，与吕布都担任骑都尉侍从天子。当时骑都尉一职没有定员，最多时能够任命十人，他俩结识就在这个时候。后来张邈出任陈留郡太守，成为反董派，与拥董派的吕布各奔东西，分别已有四年了。

初平四年（193年）的秋冬之交，吕布一行来到陈留郡的治所陈留县（今河南省开封县东南），受到张邈的盛情接待。由于吕布亲手诛杀了董卓，在政治上已经和张邈站到了一起，彼此间再无隔阂存在，所以两人谈得十分投机。谈到吕布今后的去向，张邈马上向吕布表示："陈留郡就是您奉先兄的家，只要我在此主事，您愿意住多久就可以住多久，军需物资和人马，尽陈留郡所有充分供给！"在袁绍那里有过一番寒心经历的吕布，听到这有情有义的话，正当寒风呼啸的冬天，心中也涌起一阵暖流，他几乎感动得要落下泪来。

吕布在陈留郡住下，或与张邈欢饮叙旧，或到城北的汳水两岸打猎，过了一段相当舒心的日子。但是，在逐渐深入了解情况之后，他痛苦地发现：陈留郡虽好，仍然不是自己的久留之地——倒不是张邈想害自己，而是自己极有可能害了这位仗义的老朋友。

吕布了解到了什么情况呢？

简言之，是张邈、曹操、袁绍三者之间的复杂关系。原来，当时统辖陈留郡的兖州，是由曹操担任州牧，他的军事大本营，设在陈留县东北四百里处的鄄城（今山东省鄄城县北）。袁绍所在的邺县，在陈留县正北面不足五百里。张邈和这两位实力强劲的州牧当邻居，三人之间的关系如何，自然直接影响到陈留郡的安危。

先说曹操与袁绍的关系。自从初平元年（190年）正月关东十一路诸侯起兵声讨董卓以来，曹、袁二人一直交往亲密，直到六年之后曹操羽翼丰满，从而翻脸不认人为止。曹操起初的势力不大，需要依附袁绍来谋求发展，而袁绍也以盟主身份一再扶助曹操。吕布到达陈留郡投靠张邈时，正是"袁曹方睦"的阶段，当时曹操受到袁绍的恩惠，举其荦荦大者，就有以下三件事：

初平元年（190年）三月，曹操率领麾下五千人马与董卓的精锐军团激战，全军尽没，他逃到南方的扬州去招兵买马，仅得千余人，势单力薄难以自立，只好到河内郡投奔袁绍。袁绍热情接纳，并分给曹操部分兵马，使之恢复元气，此其一。

初平二年（191年）秋，曹操在兖州的东郡（治所在今山东省莘县南）一带，击溃黑山军有功，袁绍立即自行任命他为东郡太守，至此，曹操在参加起兵反董之后，第一次有了自己的一块地盘，此其二。

初平三年（192 年）四月，青州（治所在今山东省淄博市东）黄巾军近百万人马涌入兖州，兖州刺史刘岱出战而阵亡。兖州官员推举曹操为刺史，曹操率众大破黄巾军，但长安的朝廷以曹操自任州职为非法，准备另派一位新刺史去上任。此时袁绍又自行任命曹操为兖州刺史，使其地盘由一个郡扩大到一个州，此其三。

连续三年，年年都对曹操有莫大恩惠，难怪后来袁绍在追述这些往事时，能够理直气壮地说一句"我有大造于操也"。大造者，大恩惠也。

至于张邈和袁绍的关系，那就势同仇敌了。当初关东的讨董联盟成立，作为盟主的袁绍，态度甚为骄傲，自以为了不得。张邈性情刚正，看不顺眼，便正颜厉色批评了袁绍一番。袁绍恼羞成怒，竟然指使曹操去杀张邈，曹操没有同意。但是袁绍要铲除张邈之心一直不死，所以张邈时时刻刻都在提防着他下毒手。

再看张邈和曹操的关系，最初相当不错，张邈帮过曹操的大忙，曹操也不愿替袁绍杀张邈。但是，曹操就任兖州的长官之后，张邈心里就有了不安的感觉。首先，曹操与袁绍正打得火热，袁绍一手把他安置在兖州，是不是有针对我张邈的意图在内呢？其次，曹操到了兖州，为了树立威风，已经开始打击当地具有声望而不愿依附他的社会名流。例如陈留郡人边让，过去当过九江郡（治所在今安徽安远县西北）的太守，回到家乡后因说了几句讥评曹操的话，马上被曹操砍了脑袋，连妻子儿女也一同杀死，兖州人说起这件事都愤愤不平。而我张邈是兖州的名门大族，号召力很大，曹操对我难道没有猜忌吗？如果现在袁绍再叫他除掉我，他会再一次拒绝吗？恐怕不会吧。

总而言之，张邈现时的处境并不太妙，与袁绍结下仇怨的吕布再来到陈留，他的处境就不只是妙不妙的问题，而是非常之危险了。

吕布极为难得地讲了一回仁义，他决定不连累张邈，尽快离开陈留。

恰好在这时，吕布此前派出的使者，从西边的河内郡回来，带来了张杨的信函。张杨说以前的事很对不住，但是现今已不存在问题，所以非常欢迎吕布去河内。吕布认定张杨是出自真心，立即吩咐部下作好出发准备。

张邈听说吕布要走，一再挽留。吕布很受感动，因此去意更加坚决。启程这一天，张邈把吕布送出陈留县的城门之外，为他置酒饯行。吕布举起酒爵，想起自己一年多来接连投奔袁术、张杨、袁绍，临走的情景都可以用"惶惶然如丧家之犬"八个字来形容，哪会像张邈这样情意殷殷为自己饯别？他不禁热泪盈眶，痛饮三爵之后，拉住张邈的手，两人共同对着皇天后土起誓，从此结为刎颈之交，永远友好，决不背叛！起誓完毕，吕布挥泪告别，在朔风的呼啸中启程西去。

吕布一行到达河内郡的治所怀县，受到张杨的友善接待，便在此安心住了下来，直到第二年的夏天。

兴平元年（194年）四月，就在吕布闲得无聊之际，一件好事飞到他的头上，使他突然有了用武之地。

原来，曹操在兖州严厉镇压当地的社会名流，不仅引起张邈的疑惧，而且引起其他兖州士大夫的不满。士大夫中有一位非同凡响的人物，姓陈，名宫，字公台，乃东郡东武阳县（今山东省莘县南）人氏。这陈宫性格刚烈，智计过人，当时在曹操手下领兵为将。他对曹操残害边让一家极为反感，之后又觉得曹操有可能把自己列入打击的目标，便决定策动兖州的地方势力起来推翻曹操。他首先在曹操的军事下属中，找到两个志同道合的人，一个叫作许汜，另一个叫作王楷。接着他又会同许、王二人，还有回到陈留郡的张邈弟弟张超，共商反曹的大计，同时等待适当的时机。

等到这年四月，好机会来了。曹操亲自率领兖州军队的主力，前往东面濒临东海的徐州（治所在今山东省郯城县北），去追杀徐州牧陶谦，后方变得空虚了。奉命留守的陈宫，马上来见张邈，劝说道："当今天下分崩，豪杰并起，您据有陈留千里之地，兵精粮足，拔剑四顾，足以称雄一方，却反而受制于曹操，岂不觉得难受吗？眼下曹操东征，后防薄弱，而吕布乃天下名将，骁勇无敌，如果前去请他来此，与您共同治理兖州，由我们来充当辅佐，静观时局变化，岂不更好？"

张邈仔细一想，认为这不失为一条摆脱眼前艰难处境的较好出路，于是把心一横，点头应允。张邈马上作出行动准备，而陈宫则带领亲兵，悄悄急驰河内郡，迎接吕布前来兖州。

真是天上掉下来一张大馅饼！吕布喜出望外，当天便率领并州铁骑向兖州奔去。他昼夜兼程，急行军六百里，第五天早上就到达曹操的军事大本营鄄城之下。

这时，张邈派出的使者刘翊，也开始配合行动。他出示陈留郡政府发出的证件，来到鄄城通报说："吕奉先将军率领部队从河内郡前往徐州，帮助我们兖州曹使君进攻陶谦，现在路过此地，请能尽快给他们准备饭食，吃了好赶路！"

从河内郡到鄄城，中间要经过陈留郡。张邈派使者去交涉，意在证明吕布一行此前就在陈留郡内沿途吃饭，事情完全是真。一旦鄄城上当打开城门，吕布的兵马即可一拥而入，轻而易举占领曹操的老窝。不用说，这是陈宫想出的锦囊妙计。

非常可惜，鄄城守军没有上当。为什么呢？

原来，曹操东征徐州之际，精心挑选了两位出色的下属，为他守护鄄城的军事大本营。为首的姓荀，名彧，字文若，乃豫州颍川郡颍阴县（今河南省许昌市）人氏。这颍川荀氏是当时的名门大族，而荀彧其人既擅长谋略策划，又有办理行政事务的杰出才能，是曹操手下的首席文官。曹操率军远征，经常派他负责后方留守事务的全权处置，此番也不例外。另一位协助荀彧的人物，姓程，名昱，字仲德，乃兖州东郡东阿县（今山东省东阿县西南）人氏。程昱有谋有勇，而且熟悉兖州的情况，所以曹操让他充当荀彧的助手。

荀彧和程昱是何等机敏的角色，怎么骗得过他们？他们略一思索，便断定此事有假。首先，曹操从未说过要请吕布帮忙；其次，吕布也从来不是以助人为乐的圣贤。既然吕布之事有假，张邈必定也有问题。两人立即意识到事态非常严重，一面发布紧急命令，调集全城驻军登城防守，一面派出快马悄悄避开吕布的部队，驰往西面一百多里处的濮阳县（今河南省濮阳县西南）去搬救兵。

当时在濮阳县镇守的，是曹操手下的第一员亲信大将夏侯惇。夏侯惇，字元让，乃豫州沛郡谯县（今安徽省亳州市）

人氏。曹操的祖父曹腾是宦官，不能生育，便从同县的夏侯氏家中抱了一个男孩作养子，取名曹嵩。曹嵩便是曹操的父亲，又是夏侯惇的叔父，所以夏侯惇与曹操实际上是堂兄弟。

夏侯惇得报，不禁着急万分，他知道鄄城兵力不多，而吕布又骁悍善战，所以城中的曹操家属及留守官员危在旦夕。他来不及带上粮食和物资，点起手下几千兵马，轻装前进，直奔鄄城。

这边的吕布正在挥兵猛攻鄄城，眼看就要得手的时候，忽然背后吼声震天，一彪人马飞快杀来。为首一员猛将，骑黄骠烈马，挺长柄大戟，高叫道："吕布小儿，快来领死！"城墙上的鄄城守军看得真切，不禁发出欢呼："夏侯将军到了！夏侯将军到了！"

吕布毕竟是身经百战的名将，在此腹背受敌之际仍然镇定如常，他一面收聚人马回头抵抗，一面向西南面的陈留郡方向退却。夏侯惇追杀了一程，眼看天色将近黄昏，怕中了对方的埋伏，便下令收兵进入鄄城。当天晚上，他协助荀彧、程昱，清查并处死了几十名充当吕布内应的官兵，至此鄄城的局面方告稳定。

但是，夏侯惇却没有料到，他的驻地濮阳却出了问题。

他刚一鸣金收兵，吕布就勒住赤兔马，回头问一直跟在身边的陈宫道："公台，我们现在怎么办？"

陈宫早有成竹在胸。他本来受了曹操之命，与夏侯惇一起镇守濮阳，所以对城中的军事布防等情况非常熟悉。他看到夏侯惇几乎把濮阳的兵力全部带来，决定避实就虚，便回答道："濮阳北临黄河，南通陈留，城池坚固，粮草充足，乃兖州之军事重镇。现今夏侯惇全军来援，此城空虚，我们及时前去，不费刀兵即可占领。以濮阳为据点，进可攻而退可守，还能与陈留构成掎角之势，将军意下如何？"

吕布眼睛一亮，立即拨转马头向西，传命道："全军赶赴濮阳，到达后有酒宴财物犒赏！"

全军将士登时来了劲，在孟夏夜的暖风中急行军一百里，在次日拂晓到达了濮阳城的东门。城中留下的几百守军，多是陈宫的东郡同乡，又慑于吕布的威名，所以主动反戈，打开城门迎接吕布、陈宫，果然不费刀兵即把全城占领。

吕布进入濮阳，一面犒赏休整已经十分疲劳的将士，一面径直以兖州牧的名义，向全州的各郡县下达文书，要求太守、县令们抛弃曹操，支持自己，充当识时务的俊杰。陈宫、张邈、张超、许汜、王楷等人首先发表声明响应，同时又派出得力人员奔往各郡县，进行游说鼓动，一场声势浩大的反曹风潮，迅速席卷了全兖州。

东汉的兖州，按照史籍的明确记载，下辖八个郡，共计八十个县，数量也不算少了。但是这场风潮竟在不到半个月的时间内，把百分之九十五以上的县，鼓动起来反了曹操，应了吕布。坚持站在曹孟德一边者，只有寥寥三个县。这就是鄄城，以及鄄城东面一百多里处的范县（今山东省梁山县西北），还有鄄城东北近三百里处的东阿县了。

吕布非常兴奋，自逃出长安以来，在黄河南北漂泊了将近两年，受尽别人的冷眼，遭到别人的暗害，现今总算时来运转，有了一块自己可以发号施令、为所欲为的大地盘，真是上天有眼！不过，他还不敢花时间开怀尽兴一乐，因为陈宫说得好："应当在曹操从徐州赶回来之前，拿下鄄城、范县、东阿，全部控制兖州，让他没有立锥之地！"

真是该轮到曹操也尝一尝四处漂泊、无家可归的滋味了，吕布恨恨地这么想。真正是：

好事飞来迎吕布，惊人厄运降曹操。

要想知道吕布在兖州，能不能拿下最后顽抗的三个县，从而将曹操置于死地，请看下文分解。

第十章

血战濮阳

　　吕布与陈宫秘密商量之后，迅速制定了一个夺取鄄城、范县、东阿三县的军事行动计划。

　　鄄城方面，由吕布负责对付。为了确保濮阳这一至关重要的根据地安全无忧，吕布要坐镇濮阳指挥，另外派人去实施夺取鄄城的计划。得手之后，吕布再亲自挺进鄄城。夺城的手段不用强攻而用智取，究竟怎么智取，下面将会看到。

　　范县方面，是由陈宫的亲信部将氾嶷去解决。当时曹操委派的范县县令，叫作靳允，而靳允的老母、胞弟、妻子和儿女，全都被吕布扣留作为人质了。氾嶷领兵到范县，以家属生命的安危，要挟靳允反叛曹操附从吕布，这种手段既非智取，也不是强攻，可谓是豪夺。

至于东阿方面，只有采取强攻了。因为该县的县令枣祗，不仅是文武全才，而且对曹操相当忠诚。东阿的城池相当坚固，粮食充足，强攻有一定困难，这一任务由陈宫去完成。

计议既定，行动立即开始。

先看鄄城的智取是否成功。行动开始的当天，吕布忽然接到下属报告，说是刚刚编入并州骑兵军团中的一支小分队，在几名指挥官的策动下出城逃跑了，而这几十人都是从陈宫麾下调过来的兖州骑士。吕布马上派遣身边的一员得力干将，带领二百并州铁骑前去追赶。结果追出三十里之遥也没追上，二百兵马只好垂头丧气回来报告。吕布把手一挥，表示算了。

当天黄昏，这支逃跑的兖州骑兵队来到鄄城西门之下，高举当时表示投诚的白色旗幡，请求投降。守军主将夏侯惇，见其人少，便吩咐打开城门让他们进来。降军入城后主动放下武器，并向夏侯惇报告。说是我们一直敬佩曹州牧，深受他的恩德，不愿跟随倒行逆施的陈宫，去拥戴那忘恩负义、反复无常的小人吕布，因此决定弃暗投明，希望能在曹州牧的麾下，为保卫家乡兖州而尽绵薄之力。几员领头的将领，把这番话说得来真诚感人，夏侯惇便有几分相信了。接着他们又向夏侯惇悄悄报告了陈宫、氾嶷将要分兵夺取东阿、范县的机密计划。至此夏侯惇完全相信来者是真心投诚。便把他们编入自己的直属骑兵队效力，并且颁发奖赏以示鼓励。

夏侯惇回头便向荀彧、程昱叙述了降兵提供的情报。荀、程二人根据自己从其他渠道得知的消息。证实情报确凿无疑。荀彧觉得事态严重，便对程昱说道："而今兖州的郡县纷纷反叛，只剩下鄄城、范县和东阿三个县。陈宫等人以重兵发动进攻，如果不去稳定靳允、枣祗的心。范县、东阿就有可能动摇。两县一动。鄄城势必受到影响。您在兖州具有很高的声望，恐怕只有劳烦您去劝说靳允、枣祗，才可以稳住人心了！"

程昱也有同样的看法，他立即告辞二人。收拾行装直奔范县、东阿而去。

送走程昱，荀彧、夏侯惇的心情略微轻松一些。但是，他做梦也没有想到，几天之后出了一件大事，使自己几乎丢掉了性命，鄄城差一点陷入危险之中。

那是一天的清晨，夏侯惇刚刚起床，他的侍卫有的正在盥洗、穿衣、上厕所，有的才值完夜班哈欠连连，正是一天之中最为松懈、最为混乱的时候。突然，有十多名身穿铠甲手持利刀的武士，从大帐两侧的隐蔽之处，一齐涌入帐内。把毫无防备的夏侯惇按倒在床上捆了起来。旁边两名贴身侍卫正要从武器架上拔刀，登时被砍断肩膀，呻吟着倒在血泊之中。

夏侯惇定睛一看，这伙暴徒不是前几天跑来投降的兖州骑兵吗？为首指挥的，正是向自己悄悄献出机密军事情报的那几名军官，他气得七窍生烟，大吼道："你们要干什么？"

领头的那位把白晃晃的刀锋架在夏侯惇的脖子上，先朝大帐门口手持兵器企图冲进来抢救主帅的侍卫们喝道："赶快退开，否则要他人头落地！"

待侍卫们退出大帐由自己人控制住门口之后，他才转头向夏侯惇说道："我们只想谋财，不想害命。如果将军能下令给我们一批金银珠宝，并让我们安全走出城去，在西郊备好鞍马，那么我们上马离去之时。将军就可获得自由。否则就将对你不住了！"

这边几人按住了暴跳如雷的夏侯惇，那边把门的几人则大声向不远处的人群宣布自己的条件。夏侯将军被劫持作为人质的消息迅速传开，全营顿时人心惶惶，秩序大乱。

原来，这就是陈宫向吕布建议的智取行动！

按照他们的考虑，鄄城为数不多的兵力，全靠骁将夏侯惇一人指挥，只要把他除去，鄄城的守军便群龙无首不堪一击，因此设下伪降之计，并且不惜以机密军事情报为代价，取得夏侯惇的信任。在他们看来，范县靳允的亲人在自己手里，他必定会低头服从，至于东阿乃是用强攻，反正鄄城自身难保，绝对抽不出兵马前去援救，因此泄露出这一机密，对两处的结局并无太大的影响。他们估计，一旦得手，对方肯定会同意用金银珠宝赎回人质，等到把人质劫持出城西的郊外，依约暗藏在远处密林中的一支铁甲骑兵，就将冲过来接应，夏侯惇就插翅难逃。伪降者安然返回后，所带回的金银珠宝全部归他们自己所有，而且对他们另外还有重赏。

计划相当周密巧妙，不过关键在于对方能否同意赎回人质的条件。

夏侯惇不仅是一军之主，而且是曹操的近亲，荀彧等人能够吝惜无生命的财物而不去救他活的生命吗？吕布和陈宫的判断是必救。贪图重赏的伪降者，同样也认为对方必救。但是，他们都错了！

荀彧得到紧急报告，觉得伪降者敢于下这么大的赌注，能够作出如此周密的计划，其目的恐怕不单是为一点金银珠宝。换言之，夏侯惇的性命，不答应暴徒的条件有危险，答应了未必就安全。他把自己的看法告诉了前来报告的将军韩浩，韩浩也有同感。于是荀彧委派韩浩回营，全权处理此事。

韩浩，字元嗣，乃河内郡人氏。其人有勇有谋，办事果断，目前在夏侯惇手下当副将。他在飞马疾驰回营的途中，已经想好了对策。

在东汉一朝，官方对于劫持人质事件的处置办法，向来就有明文的规定，那就是一旦发现，官兵立即猛烈攻击劫持者将其杀死，绝对不能顾及人质而手软，也不准同劫持者谈判任何条件。制度开始实行的时候，可能会有人质死亡，但是在这之后，必定再无人胆敢劫持人质，这确确实实是我们老祖宗想出来的好办法，值得今天各国政界领袖处置人质危机时参考。不过，到了东汉后期，人质的家属总想使用赎回的办法，使得上述规定形同虚设，结果劫持人质的事件反而大量出现，蔚然成风。此番韩浩决心运用朝廷的老规矩来进行处置，因为他断定：劫持者既然爱财，那就绝对不会想死。

他回转军营，立即召集各队指挥官，要他们各自整顿队伍，待在营中不准乱动。然后亲自带领自己的两百健儿，全副武装赶到夏侯惇的大帐，将其团团围住。他走上前去对着劫持者大声骂道："尔等胆大，竟敢劫持主将，还想活么！我受命镇压暴徒，决不会放过尔等！"接着他又流着眼泪对夏侯惇说道"将军，为了国法，只好对不住您了！"说完，

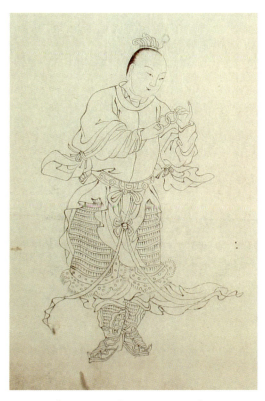

图1　吕布（《三国志人物像》）

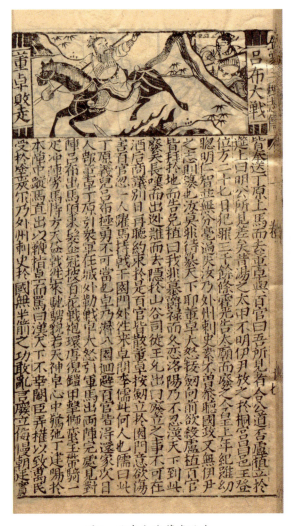

图2　吕布大战董卓败走
（《新锲京本校正通俗演义按鉴三国志传》）

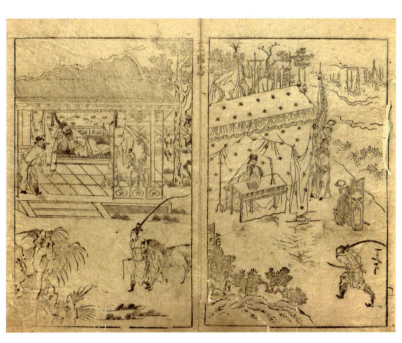

图3 刺丁原，见董卓（《遗香堂绘像三国志》）

图4　虎牢关三战吕布（《三国志像》）

图5　馈金珠李肃说吕布（金协中绘）

图6 吕温侯濮阳破曹操（金协中绘）

图7　吕奉先乘夜袭徐州（金协中绘）

图8　白门楼吕布殒命（金协中绘）

他唰的一声拔出雪亮的佩刀，向身旁的健儿们一挥，高声喝令道："上！"

伪降的劫持者根本没有想到会有如此的结果，奖赏可以不要，妻室儿女也可以不要，自己的性命绝对不能丢呀！他们不约而同地丢下武器，双腿下跪如捣蒜一般连连叩头告饶。韩浩下令把他们全部斩首，救出夏侯惇，一场风险至此完全消除。

吕布、陈宫的计划，首先在鄄城遭到挫败，接下来在范县、东阿也未能得手。程昱到了范县，用他三寸不烂之舌，竟然说得县令靳允连老母、胞弟、妻子、儿女的安危都置之度外，铁了心支持曹操，还设置伏兵把陈宫派去的氾嶷刺死，据城坚守。接下来程昱又奔往自己的老家东阿县，在县城西边黄河的仓亭渡口（今山东省阳谷县北）一带，布置军队，封锁渡口。结果从濮阳杀来的陈宫，在渡不了黄河的情况下，只能望水兴叹了。

到了兴平元年（194 年）的四月底，曹操率军从东海之滨风尘仆仆赶回兖州。他听了荀彧的情况汇报，不禁对吕布、陈宫、张邈等人恨之入骨。心想：你们这帮家伙，竟然把我的兖州侵吞得只有三个县，我早晚要抓住你们千刀万剐，方解我心头之恨！他先后赞扬了程昱、韩浩的出色表现，然后给大家鼓气说："吕布一下子得到兖州，他不能在亢父县（今山东省济宁市南）、泰山郡（治所在今山东省泰安市东）一带的险要路段上，对我撤回的军队进行截击，却躲到西面的濮阳城中坐守，由此可以判定他不可能有什么大的作为，看我如何收拾他！"

在鄄城略事休整之后，曹操亲提大军，西攻濮阳的吕布，从而拉开了一百多天双雄大血战的序幕。

这一日，曹操的大军到达濮阳县的东郊，在距城二十里处安营扎寨。濮阳城周围的地势平坦开阔，正好适宜大军团鏖战。曹操带领众将，把地形仔细观察一番之后，当晚在大营作出部署，下达了第二天出战的命令。

第二天清晨，曹营战鼓齐鸣，旌旗飞舞，三万人马列成方阵，如潮水一般向濮阳城涌来。充当前锋的一万多骑兵、步兵混合军团，是曹军当中的精锐，叫作"青州兵"。这青州兵可有点来历，前年曹操击败从青州杀到兖州的黄巾军，从十万以上的俘虏中挑选精华，组成一支特别能打硬仗的劲旅，便是这支青州兵。青州兵主要由步兵组成，常常充当急先锋冲击头阵。

这边的吕布在濮阳城东门上，把来敌情况看了个一清二楚，他决定仍然沿用老战术，即先以铁甲骑兵掠阵。他的并州铁骑已在濮阳养精蓄锐多时，而且又补充了一批新生力量，实力大为增强，他暗自说道："曹孟德啊曹孟德，我今天就要让你知道，究竟是你的青州兵厉害。还是我的并州铁骑厉害！"

他立即命令部下的成廉、魏越、侯成、高顺四员骁将，各率一千多骑兵出城迎战来敌，不要求杀伤的人数多，首要任务是冲乱敌军的前锋阵势。他本人则带领步兵在后压阵，伺机出动。

两军一接战，吕布一方的先骑兵、后步兵阵形，便显示出明显的优势来。只见四支并州铁骑，在青州兵的步兵方阵中左冲右突，时而汇合以强攻正面，时而分开以猛击侧翼，纵横驰骋，势不可当！青州兵倒是勇悍不怕死，怎奈徒步短刀，抵不住高头大马上的长矛大戟，不多时整个阵形就乱了。曹操见势不妙，准备抽调后面的马队上前助阵，可是青州兵已经纷纷向后逃回，拥挤的人群阻塞了道路，马队无法前进。眼见吕布方面的主力步兵又发起了冲锋，鼓声和喊杀声一浪高过一浪，曹操只好鸣金收兵，退回大本营。这两军交手的第一仗，遂以曹军失利而告终。此役使曹操痛切地认识到：在平川大地作战，没有强大的骑兵只有吃亏。从此他特别注意发展自己的铁骑兵团，此后建成了一支叫作"虎豹骑"的精锐骑兵劲旅，这是后话。

吕布初战得胜，军乐队高奏凯旋曲，引导大军回城。他吩咐大摆酒宴，犒赏将士，一连数日全军上下都沉浸在胜利的喜悦之中。

他这一麻痹，立即就被曹操钻了空子。在一个月明星稀的仲夏之夜，曹操向吕布设置在城外的两座营地发起了偷袭。曹操派遣部下一员猛将于禁，率三千人马攻击城南的敌军营寨。自己则亲提精兵六千，奔袭城西四十里处吕布的粮食物资转运基地。于禁当晚即进攻得手，踏平了敌营，把吕布的这支掩护城西转运基地的分遣队打得晕头转向，四散奔逃。曹操本人在后半夜到达城西，立刻实施包围，并在次日凌晨，攻破和摧毁了这个位于黄河岸边的转运基地。

吕布一听城南的营地有失，马上猜到对方的目标在城西转运基地，于是亲率五千精锐赶来援救。他在背后旭日光辉的映照下，看到正要启程回转的曹军，便把手中的长矛一挥，率先冲了过来。

这真是一场旗鼓相当的恶战！论人数，双方大体相当；论兵种，双方均以骑兵为主；论士气，刚刚获胜的曹军更高；论体力，却又数刚刚参战的吕军更强。双方都是各自军中的精锐，都有压倒对手的雄心。从旭日东升，直到夕阳西下，两军激战将近一百个回合，尚未分出胜负。曹操见部下疲饿已极，天色将晚，便命令全军收缩，逐渐向东撤出战场。吕布哪里肯放他走，紧紧追击不舍。忽然，曹军中一员名叫典韦的虎将，率领一队敢死勇士挡住了他的道路。典韦生得来牛高马大，膂力过人，只见他身穿双重铠甲，左手抱了十多柄长戟，右手一挥便飞掷出一柄，不仅准确，而且力大，中其戟者无不从前胸穿通后背。吕布远远看到，典韦在转眼之间竟连杀七八人，心想还是不和这个亡命之徒较劲得好，随即拨转马头，鸣金收兵。于是，两军交手的第二仗，以曹军得胜而告终。至此，双方打成平手。

不久之后的八月间，便有了第三次交锋。

曹操扫除了吕布在城外的营地之后，马上从鄄城、东阿抽调人马，在濮阳城外形成围攻的态势。吕布一面派人到陈留郡张邈那里去搬援兵，一面调兵遣将加强城防。就在这紧要关头，突然出了一件事。

原来，濮阳城中有一个姓田的大姓豪族，是县内地方势力的首领。他表面上支持吕布、陈宫，暗中却拥护曹操。吕布、陈宫毫无觉察，竟然让他带领地方武装协助守城。濮阳被包围，他见时机已到，便悄悄派人出城与曹军联络，表示愿意充当内应，打开城东门迎接曹军。曹操对此人非常了解，完全相信其诚意，便和来使口头约定了行动时间和联络暗号，又让他潜回城中复命。来使翻越城墙刚下到街道上，便被巡夜的军队活捉生擒。

吕布和陈宫得知消息，立即秘密提审这个倒霉鬼。经不住威逼再加利诱，他终于吐出全部秘密。吕布气得把几案一拍，正要下令处死田氏一家及其同党，却被陈宫止住了。陈宫悄悄向吕布说了一番话，吕布略一思索，不禁拍手叫道："好！"

次日，田某被请到吕布的府邸中商议城防要务。他刚刚坐下，四名雄赳赳的卫士便押上一个囚犯来，吕布问道："田君，你可认识此人吗？"

田某转头一看，不禁神情大变，他正要起身有所动作，却被身后的两名卫士按住了。这时陈宫开口说道："田君，事情我们已经全部知道了。此时此刻，你的老父慈母、兄弟姐妹、妻子儿女、亲朋好友、门客部下，几百条性命的安危都在你的一念之间。你也犯不着为了曹操一人，担上不孝、不悌、不仁、不义的千古骂名。他曹操现今只有区区三个县，危如累卵，你何不幡然悔悟，与我们合作呢？"

只见田某双腿一软便跪在地上，痛哭流涕，表示愿意效命赎罪。当天他就被留在吕布府邸之中，等待效命赎罪那一刻的到来。

第三天的鸡鸣时分，曙色朦胧，濮阳城中的居民尚在睡梦之中。忽然，从城东门的城墙上，嗖嗖嗖射下来三支带火把头的飞箭，同时城墙上和城门内，又传出一阵阵喊杀声和交战兵器的撞击声。一会儿，沉重的两扇铁包大木门打开了，涌出来一队臂系白布的兵士，人人左手举火把，右手提钢刀，为首的便是田某。

早已在城外静候多时的曹操，高兴得在马上哈哈大笑，他把手中的指挥旗一扬，曹军便像潮水一般涌进城门。夏侯惇带领骑兵冲在前面，接下来是步兵，最后面的曹操在进入城门时，他向手下喝令道："在城门洞里堆上木柴点燃大火，我今天不斩了吕布、陈宫，就不出这道城门！"

片刻工夫，兵士们便拆了附近的民房，在门洞中燃起熊熊烈火，火光使曹操更加兴奋，催马向城中追去。

领头的夏侯惇奔出一两里路，到达了城中的十字街口。他正在观察该杀往何方，忽然听得三通战鼓响，从四面的房屋顶上顿时冒出数百名强弩手，那箭犹如雨点一般射来，曹军的骑兵不是人死就是马伤，登时倒下一大片。后面的见势不妙，纷纷拨转马头准备退却。夏侯惇怒吼着逼迫他们继续向前，于是又被射死一大片，连夏侯惇本人的左眼也被流矢射中，血流满面。这时，吕布的马队开始从前、左、右三方的街道上发起冲锋，夏侯惇伏在马上紧紧抓住鞍桥，随着大队伍往后溃逃！

在最后面的曹操卫队，先是被自己的队伍冲散，接着又被敌军的马队杀得七零八落。曹操成了孤家寡人，独自打马往东门狂奔。正奔驰间，猛然又有十多名敌军骑兵从横巷中杀出，当头把曹操拦住，厉声喝问道："你们曹操在何处？"

这支小分队急于想抓住曹操去领取重赏，可惜近在眼前他们却不认识。史书记载曹操其人，身材不高，平常的衣着又简朴随便，所以这队人马以为他是一个芝麻小官，根本没想到此人就是"众里寻他千百度"的曹操。

面对寒光闪闪的刀锋，曹操倒也镇静，他装模作样伸长脖子往远处望了望，把手一指叫道"就是他！前面骑黄骠马逃跑的那个人！"

对方转头细看，远处果然有一个骑黄马的人在飞奔，立即放过曹操，像一阵风似的追了上去。曹操见状，赶忙拐入小巷溜之乎也。

他东拐西弯，大体朝着城东门的方向逃去。在中途，他与一百多名掩护着夏侯惇撤退的骑兵碰上，于是一起奔向东门。到达东门时，那堆大火还在熊熊燃烧。他也顾不得食言不食言了，猛一阵挥鞭，打马往门外冲去。那马在即将冲过火堆时，后蹄正好踩在一堆燃红的木炭上，痛得猛然一跳，曹操毫无防备，登时就被摔在马头前侧的地上，胳膊摔破皮不说，左手掌还烧起一块大泡。旁边一位名叫楼异的副官，赶忙跳下马来，扶他重新上马，然后一同奔出东门。

　　这第三次交手，曹操损失惨重，本人又伤了皮肉。夏侯惇则从此成了独眼将军，一照镜子就要大发雷霆，军中送了他一个绰号，叫作"盲夏侯"。曹操很不甘心，又从后方调集一批军队到濮阳城下挑战。得了便宜的吕布，紧闭城门拒不和对方交手，双方僵持了一百多天之久，就来到这一年的九月深秋。

　　此时濮阳县一带，出现了严重的蝗灾，秋粮几乎颗粒无收。曹操的军粮无法在当地筹措，只好退回鄄城。吕布一方，也把濮阳城中的存粮吃了个精光，他被迫率领队伍，转移到东南面粮食丰裕的山阳郡（治所在今山东省巨野县南）去了。双雄大战，就以各自退兵而结束。这正是：

　　　　双雄恶战濮阳县，失利曹操空手回。

　　要想知道吕布与曹操在兖州的生死争夺，究竟最后的结局如何，请看下文分解。

第十一章

投奔刘备

从三国历史的发展大势来观察，吕布与曹操在兖州的争夺较量，其结果如何，不仅对于双方个人的政治前途影响极大，而且关系到此后历史发展的大格局。为何这样说呢？

取代东汉的皇朝是曹魏，曹魏政权的第一位皇帝虽是曹丕，然而奠基者却是曹丕的老爸曹操，没有曹操就没有汉魏之间的皇朝禅代。至于曹操的创业史，大体可分为三部曲：第一步是崛起兖州，主要对手是吕布；第二步是扫荡河北，遇到的劲敌是袁绍；第三步是统一北方，与之抗衡的是马超等人。吕布如果在兖州彻底战胜了曹操的话，曹操的创业就成不了气候，他的儿子曹丕也就没有福气代汉称帝，那么三分鼎立之局，以及在三分鼎立之局中表演出来的一出出精彩历史戏码，就会是另外一番面貌了。

当然，这时候的曹操、吕布两人，都还认识不到兖州之争对于此后历史发展有多么重要。就是兖州之争对于自己个人政治前途有多么重要，两人也都未必有清醒的认识，只不过程度的轻重有别而已。

在曹操这方面，表明缺乏清醒认识的具体事实，是他曾经想离开兖州，前去投靠冀州的袁绍。

曹操回军鄄城之后，存粮空空，士兵们饿得面黄肌瘦，度日如年。眼看寒冬将至，兖州的立脚点又只有区区三个县城，曹操愁得无计可施。恰好在这时，袁绍得知他的窘况，派人前来劝他到邺县投靠自己。曹操喜出望外，便动了携家带口北上冀州暂且到别家屋檐下栖身的念头。正在他进行动身准备期间，奉命到家乡东阿县强行征调粮食的程昱，搜刮了一批掺杂了人肉干的军粮回到鄄城。他一听说此事。也顾不得满身风尘，马上来见曹操，问道："我听说将军想带领家属前往冀州的邺县，去与袁绍联合，确有此事吗？"

曹操回答说："确有此事。"

程昱性情刚烈，他立即直率地说道："我认为将军您恐怕有临事而胆怯的毛病啊，不然怎么会考虑事情如此不深远呢！那袁绍现今据有燕、赵故地，有吞并天下之心，但是他的志大而才疏。将军您自己想一想，能不能给他充当下属任他摆布？您具有龙虎一般的神威，难道愿意做袁绍的鹰犬吗？如今兖州虽然残破，总还有三座城池在我们手中，能够上阵作战的士兵，在一万人以上。以将军非凡的军事才能，有文若（指荀彧）和我等全力效命，在兖州自求发展，必可建立霸主的宏业。希望将军三思又三思呀！"

在东汉末年崛起的群雄之中，曹操是最善于倾听和采纳他人有益意见的一位，这也是他最后能够挫败众多对手而统一北方的主要原因之一。在仔细思量之后，他觉得程昱的话确实在理，便婉言谢绝了袁绍，决心夺回兖州的全境，自创基业。不久，他又听从程昱的建议，率军转移到粮食还有一定来源的东阿县去休整，准备寒冬过后再与吕布一决雌雄。

在吕布这一方面，表明他缺乏清醒认识的具体事实，是他未能趁曹操日子极为难过的时候，不给对方以喘息之机，实施毁灭性的打击。

吕布到了山阳郡，让将士们敞开肚子吃了好一阵子饱饭。肚子饱了，体力恢复了，人也懒了。下面的将士不想打仗可

以理解，身为主将的吕布周身发懒，不免令人奇怪。对形势
具有清醒认识的陈宫，一再向吕布建议继续出兵北上围攻曹
操，可是吕布望着那朔风卷来的满天雪花，心中恋着暖室美
酒和妻妾音乐，始终下不了决心来发布动员令。

于是，兖州在平静状态下度过了三个月的寒冬。

时间来到兴平二年（195 年）的正月，大地春回，万物
复苏。缓过气来的曹操，倒先在第二度争夺中动了手。他的
进攻最初是试探性的，选定的目标，在山阳郡西面的定陶县
（今山东省定陶县西北）。

定陶县当时是兖州济阴郡的治所。在这里领兵镇守的，
是支持吕布的济阴郡太守吴资。吴资被曹操的突然袭击打得
丢下大城，率领残兵败将躲进南面一座城堡中坚守。吕布得
报，迫不得已只得亲自出马去解救。由于士气不高，吕布的
军队也打了败仗。曹操却没有久留，放过吴资，抢了定陶县
中的存粮，得意洋洋撤回鄄城。

炎夏时节，曹操再一次主动出击，这一次的目标，则是
山阳郡北部的钜野县（今山东省巨野县东北）。钜野县属于山
阳郡管辖，与吕布驻地昌邑县（今山东省巨野县南）的距离，
不过七八十里路。曹操的攻击目标越来越近，并没有使吕布
全军上下产生紧迫之感，他带领的救兵被暖风熏得头晕手软，

到达钜野又吃了一个大败仗。曹操挥兵攻克了钜野城池，斩杀了守将薛兰、李封，然后又向前占领了昌邑县西北六十里处的乘氏县（今山东省巨野县西南）。曹操不仅向吕布步步进逼，还放出兵丁到田野上抢割麦子作为军粮，大有长期奋战的模样。到了这时，吕布才觉得局势有点严峻，应当抖擞精神来对付曹操了。

世界上的事情有时候实在难以捉摸。曹操想交手时吕布不愿接招，如今吕布要上阵，曹操又不愿应战了。原来，这时东面徐州的州牧陶谦因病去世，徐州出现政治权力的真空。曹操突发奇想：与其在兖州同吕布争得不可开交，还不如先赶往徐州占领这块地盘，增添了大片根据地后，再回来慢慢收拾吕布，岂不是妙策？

不料，他的首席智囊荀彧却对其"妙策"不捧场。荀彧侃侃言道："这兖州乃是将军崛起之地，根基之所在。如果放下吕布东进徐州，多留兵马在兖州镇守则前方兵力不够用，在兖州的兵马留少了又难以抗御吕布。万一徐州没有打下，后方的兖州又丢了，您又将在何处立脚呢？再说陶谦虽然去世，徐州也未必能轻易攻占，如果他们采取坚壁清野的对抗手段，十天之后我军就会断绝粮草，不战自困。凡是遇到两者当中取一的选择时，应该择利益更大的，更加安全的，不影响自己根本的。现今将军您作出的选择，却恰好与此相反，恐怕要再好好考虑才对啊！"

　　曹操在这关键时刻，再一次从善如流，他定下心来争夺兖州，并且趁吕布还未有所动作之前，派出更多的部队抢割田野上成熟的麦子，尽量多储备粮草。

　　与此同时，吕布与陈宫在山阳郡的东缗县（今山东省金乡县）一带，调集了一万多人马，从东南方向杀往曹操驻扎的乘氏县境，兖州的争夺战再次响起了鼓角。

　　这一日，曹操正在县城西面的田野上，指挥兵马抢割熟麦，几千人已经分散到阡陌之间去"脚蒸暑土气，背灼炎天光"了，在大本营留守的只有一千多将士，以及一批随军行动的军人家属。乘氏县西面有一条从西南流向东北的大河，名叫济水。那曹操的大营，就立在济水东岸的大堤之下。大营南面不远处，则是一片茂密幽深的树林。

　　吕布的大军突然杀到，曹操吃了一惊，他一面派人前往各处的麦田中调兵回援，一面召集大营中的全部守军，以及健壮的随军妇女，依据营寨周围的壁垒进行防守。往昔用兵一贯敢冲敢杀的吕布，这时突然变得谨慎起来，他在赤兔马上仔细观察了一番，发现对方大营中的人马并不多，而营门前方的路旁却有成片的丛林，不禁说道："曹操这家伙狡诈多端，树林中必定设有埋伏，我们不可中计！"

陈宫也有同感，他见红日已经西斜，便说道："天色不早，更不宜冒险，不如明日清晨再发动进攻。"

二人立即撤兵，到南面十多里处下寨安营。他们哪里想到，这兵一撤，便把一个可能擒杀曹操的大好机会放过了！

次日清晨，吕布再度率领一万多人马前来进攻的时候，这一大好机会已经不复存在，因为曹操的几千人马当晚就从各处麦田中收缩回营了。这时的曹操，倒真的设下了埋伏，他把一大半精兵埋伏在东岸大堤靠河边一侧的下面，堤外只留下小半军队作钓饵。吕布指挥部队绕过那片密林，径直冲向堤外的曹军。双方刚一交锋，突然一阵鼓角齐鸣，在吕布军队背后的河岸大堤之上，一下子出现了三四千骑兵和步兵，他们居高临下，呐喊着飞奔下来，直杀吕布军队的后背！吕布的军队还没有明白是怎么一回事，即已陷入对方的腹背夹击之中，顿时阵形大乱。

吕布、陈宫在卫队的保护下，竭力想召集部属，重整阵形，无奈对手根本不给他们喘息的机会，发起的冲杀一次比一次强劲，结果没多久即全线崩溃，吕布、陈宫一起向南败逃。曹军一直追杀到吕布的大本营外，才算收住脚步。

这一战，吕布方面损失惨重，死伤和被俘虏的几乎达到兵员的一半，就连载运战鼓的鼓车，也被对方缴获。吕布见势不妙，经与陈宫紧急商议，当天晚上便拔寨启程，逃回了山阳郡。

曹操趁热打铁，出兵攻克定陶县，又分兵平定其他县城，从而形成对山阳郡的扇形包围态势。兖州的两雄争夺，至此到了力量对比的转折点。

此时此刻，吕布不得不考虑在兖州的去留问题了。在此之前，张邈从陈留郡来到山阳，劝吕布转移到陈留郡养精蓄锐壮大力量，吕布犹疑不决。但是现在已经去不成陈留了，因为曹操占领定陶县后，西去陈留的道路完全被截断。在山阳继续咬着牙坚持么，吕布又没有曹操那样的坚韧功夫。思前想后，他决定离开兖州躲避一时。反正兖州是白捡的一块地盘，丢了也不心痛；至于流浪么，此前他也流浪惯了，多一次也无所谓了。

躲到哪里去呢？北、西、南三面是曹操的扇形包围圈，只有东面有路可走。而山阳郡的东面，则是当初曹操曾经想去的徐州。世事如棋，变化无常，去年吕布逼得曹操要去的地方，如今却轮着曹操逼得吕布前往了。

这时的徐州，也换了一个新的军政长官。在前任长官陶谦死后，徐州政府的官员恭迎了一位著名人物来主持军政，此人便是被曹操称为"天下英雄"的刘备。

刘备，字玄德，乃幽州涿郡涿县（今河北省涿州市）人氏，自称是西汉景帝刘启的后裔。他身高七尺五寸，约合今180厘米。垂手过膝，两耳奇大，意志坚毅，有心创立一番宏伟事业。经过南征北战，他从一个小小的县尉，上升到豫州刺史。受到徐州官员的盛情邀请后，他便率领部属，从豫州沛郡的沛县（今江苏省沛县），来到东南面三百多里处的徐州下邳国下邳县（今江苏省邳州市南），建立州牧府署，正式当起徐州牧来。

听说吕布想来投奔，有心在天下人面前树立礼贤下士形象的刘备，立刻表示热烈欢迎。于是在兴平二年（195年）的夏秋之交，吕布、陈宫、张邈一行撤出山阳，前往徐州。

吕布等人一走，兖州的下属郡县，又纷纷重新站队表态，宣布支持曹操。曹操收复了大部分失地之后，便调集大军杀到陈留郡，对张邈家属所在的雍丘县（今河南省杞县）实施围攻。张邈的弟弟张超，一面部署人马据城抵抗，一面派人急驰徐州求救。张邈马上请吕布派兵解围，吕布不愿损耗自己的实力，执意不从。张邈无奈，只好带领自己的部下，前往扬州九江郡的寿春县（今安徽省寿县），去向转移到此地的袁术搬救兵。不料走到中途，他的部下发起倒戈行动，当场把他杀死。当年十二月，曹操打进雍丘县城，张超及其所有亲属部下被斩杀，兖州全部归曹操控制。至此，吕布与曹操在兖州的两强争战，就以曹操取得彻底胜利而告终。

这边的吕布到了徐州，把营地建立在下邳县城的西面九十里处。这下邳城正当沂水与泗水的交会点上，泗水由西向东流经城南，沂水由北向南，经城西而合入泗水，交通异常便利，并有易守难攻之势。吕布的营寨，就在城西的泗水北岸边。

吕布到了之后，依照惯例先进下邳城拜见主人家刘备，少不得把从洛阳皇帝陵墓中挖出的金银珠宝，挑出一些来作见面礼。两人此前从未谋面，相见时不免有恨晚之意，言笑甚欢。过了几天，吕布又在营地设家宴招待刘备，以表感激之情。刘备不便推辞，随即应约前往。

家宴一开始，吕布对刘备的态度相当恭敬，他说："我与将军您一样，都出自边区的郡县。因看到关东诸侯起兵声讨董卓，所以我才杀了董卓来到关东。谁知各地诸侯没有人保证我的安全，都想杀害我。唯有将军您诚意接纳，真是使我感激不已啊！"

刘备也说了一些安慰的话。酒过三巡，吕布有了几分醉意，他请刘备转到自己妻子的坐榻上就座，然后吩咐妻子向刘备行跪拜大礼，又亲自为刘备斟酒夹菜，口口声声称刘备为"贤弟"，俨然以老大哥自居。刘备心中很不愉快，不过在脸上依旧挂着笑容。在两侧侍立的关羽、张飞却忍不住，几次想给这个对自己大哥充当大哥的家伙一点颜色瞧瞧，都被刘备暗中阻止。喝得醉眼陶然的吕布，对这一切却毫无察觉。用两句话来形容，就是"共举金觞齐下箸，各人口里味难同"了。

转眼之间，又到了第二年的夏天。一年来，由于刘备的大肚能容，吕布在下邳还算过得下去，也没有闹出什么大乱子。不知不觉中，刘备起初对这位客人的戒备，渐渐便放松了。殊不知这一松，便酿成了他的终身大恨。这正是：

大度容人生意外，皆因对象是枭雄。

要想知道吕布在徐州，采取了怎样的手段，给刘备造成了怎样的终身大恨，请看下文分解。

第十二章

喧宾夺主

　　吕布刚刚进入徐州立脚之际，就曾经派人南下扬州，给袁术送去一封情意殷殷的问候书信。

　　你会有疑问了，吕布当初在南阳离开袁术时，不是一肚皮怨气吗？为何此时又有此举呢？欲知就里，不可不把袁术近来的情况略作介绍。

　　袁术在南阳时，因为不满意关东诸侯拥戴自己的异母哥哥袁绍为盟主，使自己受到冷落，便向各地诸侯写信揭露乃兄的老底，说袁绍的生母不过是袁家的婢女，和嫡室所生的自己根本不能相提并论云云。这一揭露，两兄弟从此势同水火，袁绍先派部下打入南阳夺取袁术的地盘，逼得他离开南阳往北进入兖州的陈留郡。在这里的封丘县（今河南省封丘县西南），袁术又遭到袁绍及其盟友曹操的夹击，他被迫掉头向南逃到扬州的九江郡（治所在今安徽省寿县）安身。袁术在此招兵买马，扩张势力，一心想要实现他那当皇帝的美梦。这九江郡邻接徐州，北距下邳县的直线距离不过三百多里。多一个朋友多一条路，吕布不知道自己在徐州呆不呆得长久，所以先送一封书信到九江郡垫个底，以便万一在徐州立不住脚时，再一次到袁术的屋檐下去躲避风雨。

但是袁术当时并没有回复这一封书信，致使吕布大有俗语所谓"热脸贴了个冷屁股"的感觉。

不料世事多变，事情过了将近一年之后，也就是建安元年（196年）的六月间，吕布突然收到袁术一封极其热情洋溢的回信，令他再一次感到意外。这封信是密件，由袁术的心腹干员专程携来，吕布挥手屏退侍从，展开回信一看，只见上面写道：

昔董卓作乱，破坏王室，祸害术门户（指袁氏家族），术举兵关东，未能屠裂卓。将军诛卓，

送其头首，为术扫灭仇耻，使术明目（扬眉吐气
之意）于当世，死生不愧，其功一也。

　　昔将（带领之意）金元休（指当时被汉献帝
正式任命的兖州刺史金尚）向兖州，甫诣封丘，
为曹操逆所拒破，流离迸走，几至灭亡，将军破
兖州，术复明目于遐迩，其功二也。

　　术生年以来，不闻天下有刘备，备乃举兵与
术对战；术凭将军威灵，得以破备，其功三也。

　　将军有三大功在术，术虽不敏，奉以生死。
将军连年攻战，军粮苦少，今送米二十万斛，迎
逢道路，非直此止，当络绎复致；若兵器战具，
它所乏少，大小唯命。

这一通书信，把吕布捧为对袁术施与了三大功德的恩人，并
且许诺将送给吕布二十万斛米粮，至于所缺的兵器战具，要
多少就会给多少。今日的袁术，何以突然如此慷慨大方起来，
要送吕布这样一笔厚礼呢？

　　原来，他是有求于吕布。

　　两个月前，也就是这一年的四月间，本来企图染指徐州
的袁术，得知徐州的官员在州牧陶谦死后，主动把刘备请去

主持州政而没有拥戴自己，不禁大为恼怒。他心想：我袁家四代人出了五个三公，是海内数一数二的名门，本人现今又被朝廷正式任命为左将军的高级官职，封为阳翟县的侯爵。论家世论官位，论名声论才干，哪一点比不上那假托皇室后裔从小以卖鞋织席为生的穷光蛋刘备？恼怒之中，他便调集大军，气势汹汹往东北杀入徐州，要向当地士民实施严厉的报复，并且取刘备而代之。

起初徐州官员来迎接刘备担任州牧时，刘备最担心的就是袁术与自己作对。当时一位大名士孔融曾经鼓励他，说是袁术那些显赫的祖宗，不过是"冢中枯骨，何足介意"。而今"冢中枯骨"果然阴魂不散，让子孙举兵犯境，刘备当然不能等闲视之。经过紧急商议，刘备留下骁将张飞，率领五千人马守卫下邳城池，自己则亲率关羽、赵云等将，以及精兵万人，赶往徐州南部迎战来敌。

五月间，刘备的军队抵达下邳县以南二百处的淮水一线，凭河布防，而防线的重点放在盱眙（今江苏省盱眙县北）、淮阴（今江苏省淮安市西南）二县，使这两个东西相距一百里左右的滨水城市，形成掎角之势。从西南方向杀来的两万袁术军队。被阻止在淮水以南前进不得。如是相持将近一月，袁术始终不能越淮水一步。

　　进入六月份，袁术的宿敌曹操，为了表示自己对刘备的支持，上了一通表章给汉献帝，保举刘备升任镇东将军，封为宜城亭侯，汉献帝当即允准。刘备升任高官，又首次封侯，自然乐不可支，全军上下也群情振奋，竟一连打了几个胜仗。骄横不可一世的袁术，渐渐有些支持不住了。就在袁术绕室彷徨长吁短叹之际，有一位幕僚向他进了一计，说是曹操可以笼络刘备，我们也不妨去利诱吕布嘛；吕布现今在下邳城西边暂住，说兵没有兵，说粮没有粮，百无聊赖；其人之性，反复无常，如果许诺送他兵马军粮，要他在后方偷袭刘备，不是可以立刻置刘备于死地吗？袁术一听，不禁大喜，于是便有上述的书信、厚礼送到吕布的面前。

　　既能得到大笔外援，又能夺得徐州这块偌大地盘，吕布能放过这一举两得的好事吗！他立刻应允袁术的请求，暗自布置，随时准备沿泗水东下，偷袭下邳城池，早把对刘备感激涕零称兄道弟的往事忘得精光了。

　　也是刘备合该倒霉，此时此刻下邳城中又爆发了一场突然事变，使得忘恩负义的吕布，得到一个实现其阴谋的良机。

　　上文已经交代，刘备出征之前，留下了张飞镇守下邳，安定后方。这张飞的表字，按照史书的确凿记载是"益德"，《三国演义》说成是"翼德"，那是没有根据的误改。张飞与刘备是同乡，他生性刚烈，勇猛无敌，在沙场上冲锋陷阵倒是一把好手，至于说到独当一面，协调各种关系，形成和衷共济的局面，则有所欠缺了。因为他的脾气过于暴躁，一触即发，丝毫不能包容。其实，当时最适合担任留守职务者，乃是刚柔兼备的冀州常山郡真定县（今河北省正定县南）人赵云。但是，刘备的内心深处，总认为义弟比外人更可靠一点，所以在考虑这种操纵方面大权的人选时，不能做到任人唯贤。他这一毛病，不仅现在要使他吃苦头，而且今后还将在荆州使其事业大受损害。

张飞就任留守，每日从私宅到州政府衙门去办公。一日清晨，张飞去衙门的途中，经过城中心十字街口时，忽然前面的仪仗队停止前进，还传来了一阵阵争吵之声。他正焦躁不安之际，一名心腹亲兵赶来报告，说是下邳国的国相曹豹，与我们前头仪仗队争路，不得前进。张飞一听，勃然大怒，骂道："大胆曹豹，竟敢与我争路，你大概还不知道我张益德的厉害吧！"骂声未了，他已催动胯下坐骑，向前面的十字街口奔去。

与张飞争路的曹豹，本是已故徐州牧陶谦的旧将。陶谦死后，刘备据有徐州，任命曹豹为下邳国的国相。汉代制度，皇室亲王的封地为郡，凡是某郡成为亲王的封地，则改称

"某郡"为"某国"，其行政长官"太守"亦改称为"国相"。下邳国的治所，也在下邳城中，这就形成了州、国两级政府同城而治的局面。曹豹同样是一个粗人，而且对于刘备凭空得到徐州凌驾于自己之上，心中颇为不满。今口他由西向东前往国相衙门视事，正巧与由南往北的张飞一行相遇在十字街头。

两个暴脾气的角色碰到一起，那就麻烦了。曹豹心想：我身为国相，同郡太守一样，是堂堂正正的二千石一级的显官，你张飞这个所谓的"留守"，在当今的官制中根本没有这样的官衔，还神气个屁！于是，他吩咐部下：过十字街口时抢先不让！张飞的仪仗队又岂能服软？也要抢先通过，两家的队伍立时争吵起来。

论理，这本是偶然发生的小事一桩，根本值不得计较。退一步而言，即使曹豹有意斗气，身负留守重任的张飞亦应以大局为重，避让避让，就像当年蔺相如避让廉颇一般。可惜蔺相如是蔺相如，张飞是张飞，只见他打马上前，一声断喝，对准曹豹仪仗队的前列队员，劈头盖脸就是一阵马鞭。曹豹的仪仗队见势不妙，纷纷退却，张飞的队伍便得意洋洋地过了十字街口，还把鼓乐奏得来响彻云霄。

这边的曹豹，在座车之中恨得来切齿咬牙。心想：你狗张飞实在欺人太甚了！你们这帮北方佬，不是我们徐州给你们提供安身之地，能够神气得起来吗？曹豹今天就要你们在徐州立不住脚，给我滚蛋！于是，当晚他就修书一封，派心腹侍从送往城西吕布的大营，说自己有要事相商，约定三日后在吕布的营中见面。

三天之后，吕布在营中与曹豹相会。曹豹叙述了来意，说是自己已经联络了下邳城中对刘备等人不满的一批陶谦旧部，准备充当内应，迎接吕布袭取下邳，夺占徐州。吕布正在打下邳城池的主意，一听有人与自己里应外合，不禁喜出望外。他立即吩咐下人备办盛宴，款待曹豹。席间，二人又商定好了行动日期和具体方案，谈得情投意合，然后分手各自准备不提。

又过了三日，吕布如约兴兵。沿着泗水东下，杀向下邳。时值炎夏，暑气蒸腾。吕布骑在赤兔马上，汗水已经浸透了铠甲之内的衣衫，不过他仍然很兴奋，想起此前已有人请他当过兖州牧，现在又有人恭迎他主宰徐州，不是自己声威远扬，能有人一请再请吗？刘备这个大耳朵家伙，也该吃点苦头了，近一年来竟然一直让我住在泗水岸边的荒野上，不许我进下邳城中驻扎，现在该轮着你去风餐露宿了。吕布一路浮想联翩，当天傍晚来到下邳城西不足四十里处，忽然从城中急匆匆驰来一位使者，向他报告一个意外的消息：曹豹被张飞杀死了！

原来，曹豹回城之后，加紧准备起事。张飞觉察了他的阴谋，便抢先动手，把曹豹及其同党——逮捕处死，城中局势顿时大乱。张飞在诛杀曹豹同党的过程中，却漏掉了一个行动诡秘的人物，这就是在刘备军中担任中郎将职务的许耽。

这许耽乃扬州丹杨郡（治所在今安徽省宣州市）人氏，现今带领着从丹杨郡招募来的精兵一千人，把守着下邳城的西门。中国古代以五色与五方相配，东方青，南方赤，西方白，北方黑，中方黄，所以下邳城的西门又叫作"白门"。由于许耽乃刘备的麾下，而非曹豹的部属，因而张飞没有注意到他。许耽见同谋者纷纷死于非命，不免心中发慌，急忙派出一员叫作章诳的心腹助手，前去与吕布联络，催他赶快向下邳城进军，说是城中的丹杨兵"闻将军来东，大小踊跃，如复更生。将军兵向城西门，丹杨军便开门纳将军矣"。

吕布听了章诳一番绘声绘色的报告，立即传令：全军马上埋锅做饭，吃罢连夜赶路，不得延误！当晚凉风习习，皓月当空，吕布催军急行，在次日凌晨终于抵达下邳城下。此时天色已明，在白门城头上等待已久的许耽，看到吕布

与章诳的身影，立即指挥人马打开城门，迎接外兵。吕布
登上城楼，与许耽相见，然后转身眺望全城形势，部署军
队进攻各处军事要点。眼见得部下官兵在长街之上推进，
一面放火，一面向州政府的衙门发起冲击，他不禁高兴得
仰天大笑。

　　住在城南的张飞，正收拾停当要赶往城北的州政府衙门
办公，猛然听得城西方向人声鼎沸，继又看到火光冲天，情
知有异，赶忙飞身上马，点起随身卫队，直奔西街。他刚刚
来在十字街口，也就是那一日与曹豹争路之处，吕布的并州
铁骑和许耽的丹杨精兵，便似潮水一般涌来。当下对方长戟
如林，飞箭如雨，任他猛张飞左冲右突，怎奈势单力薄，难
以抵挡得住。他血战一阵，肩臂中箭，无力还手，只好率领
残部向城南的郊外退去。

　　不到中午，吕布的兵马已经占领了下邳全城。徐州州政
府所有的公文档册、粮食物资、留守兵卒等，都落入了吕布
之手。除此之外，刘备的妻妾儿女，以及部下将吏的家属，
也全部成了吕布的俘虏。

　　刘备在徐州的时间虽然不到两年，却对下邳苦心经营了
一番，加固城池，建造府邸，聚集粮草，安抚百姓，打下了
相当可观的基础。可惜交友不慎，再加上留守人选的决定不

当，结果不到半天工夫，一切心血就付诸东流。

这边吕布夺了徐州，自称为刺史，高坐在刺史府署，开始发号施令。而从下邳城中逃出去的张飞，当天深夜就赶到淮水前线，向刘备报告了下邳城失守的消息。正准备大举进攻袁术的刘备，大惊失色。他来不及责备张飞，立即命令全军拔寨启程，回返下邳，决心趁吕布立脚未稳之际，发动反攻，夺回自己的根据地。

两天之后，刘备的兵马抵达城下，准备攻城。吕布闻报，先将一千精锐骑兵调集在南城门内待命，然后命令左右侍从把刘备的妻妾儿女，以及其他下属部将的家眷老小，一起押上南门城楼，要这批俘虏向城下自己的亲人喊话。顿时，呼喊声夹着哭泣声，回旋在下邳城的上空。

刘备及其部将听到各自亲人的呼唤，纷纷驱马到城下来行注目礼。这样一来，刘备军队的秩序开始混乱，将士的斗志消退。城楼上的吕布一看时机来到，立刻下令擂起战鼓。三通鼓响未绝，城门已经洞开，吕布手下的第一员骁将高顺，率领一千铁骑径直冲向敌阵。

军心涣散的刘备兵马，一触即溃。吕布见先头部队得手，跟着亲率三千兵马杀出城来。刘备见势不妙，长叹一声，领着关羽、张飞、赵云等亲近部属以及残余人马，撤出战场，向东南方向的广陵郡（治所在今江苏省扬州市西北）退去了。

吕布喧宾夺主，由流浪儿升任徐州新长官；刘备引狼入室，由徐州老长官沦为流浪儿。这正是：

引狼入室刘玄德，夺主喧宾吕奉先。

要想知道吕布夺占徐州之后，他与刘备的关系又出现了怎样的戏剧性变化，请看下文分解。

第十三章
变生肘腋

　　吕布当了徐州刺史，才得意洋洋了几天，就被一件事把好心情破坏无余。

　　吕刺史因为何事气恼不已呢?

　　原来，他赶跑刘备之后，便按照袁术先前许诺的条件，派人去要兵要粮。袁术一兵未给，只送去了一批粮食；而且这批粮食，也远远没有达到当初所许诺的二十万斛之数。吕布一再催讨，但是毫无下文，这时他终于明白：自己是被袁术的花言巧语欺骗了!

　　在袁术这一方面，却认为你吕布全靠我的指点和帮助，才得到徐州这块大地盘，你不送礼来感谢我，竟然还好意思向我要东要西么！偌大的徐州，难道还不值区区二十万斛粮食吗？还有更重要的一点，就是袁术这时候正忙着筹备自己登基当皇帝的大事，修宫殿，制礼服，建官署，发俸禄，如是等等，钱粮财物的花销好似流水一般，弄得自己都有点捉襟见肘，还哪里顾得上向吕布兑现空头支票呢？

　　吕布的想法却与此完全不同。你袁术自己说我对你施舍了三大功德，白纸黑字写明要送我二十万斛粮食，其他东西我想要多少就给多少。这是你主动说的，又不是我逼你说的，怎么一帮你赶跑刘备就要赖账了？我吕布被你们袁氏兄弟一而再、再而三地利用，目的达到后马上翻脸不认人，你以为我好欺负吗？这一次我就铁定要给你一点颜色瞧瞧！

　　就在吕布苦苦思索如何报复袁术而又未能想出好手段之际，刘备的特使却出人意料地到了下邳，吕布听了他的来意，不禁高兴得暗自叫了一声："天助我也！"

　　要知道刘备何以会派特使到下邳，还须回头说起。

　　那一日刘备败退，撤往广陵郡。不料行至半途，又与袁术派遣而来的追击部队相遇。刘备只得打起精神，指挥余众，在淮水北岸列阵应战。两军相交，决心以死赎罪的张飞，拍马当先，杀入敌阵，转眼之间刺翻袁术前锋的两员将领。继后的关羽、赵云则径直冲击对方的中军，所向披靡！袁术见对方作困兽之斗，知道此时不能直接撄其锋芒，便以强弩、长戟压住阵脚，鸣金收兵。收兵之后，袁术凭借长壕深堑，闭营不出。刘备的军粮匮乏，士卒疲惫，无法长久相持，便主动向东转移。袁术也不追赶，自回淮南筹划建号称帝的盛典去也。

刘备一行千余人，撤退到广陵郡的海西县（今江苏省灌南县南）境，才立营安顿下来。这海西县是当时广陵郡最北面的一个县，濒临东海，相当偏僻。在这里，倒是前无堵截后无追兵，连敌人的影子都看不见了，但是，土瘠民贫，地广人稀，军需物资的筹措十分困难。史称当时"刘备军在广陵，饥饿困踣，吏士大小自相啖食，穷饿侵逼"，应当没有夸张的成分。而所谓的"自相啖食"，就是人吃人，可见刘备真是到了山穷水尽的地步了。

在这艰难竭蹶之际，有一个人出来帮了刘备一把，他就是刘备的首席幕僚麋竺。

麋竺，字子仲，乃徐州东海郡朐县（今江苏省连云港市西南）人氏。他不仅拥有万贯家产，而且老家朐县就在海西县以北一百里处。当下麋竺驰回老家，集合了精壮男性奴仆和佃客两千人，运输车五百辆，满载着一千五百斛军粮来到海西的营地，同时又取"金银货币以助军用"，这才使刘备得以度过大难关。

附带说一句，这糜竺的姓氏，是麋鹿的"麋"，陈寿《三国志》有多处记载，记载清清楚楚。后来的《三国演义》版本，弄成了糜烂的"糜"，这是一种误传。

不过，作为一位具有雄心壮志的天下英雄，长期蛰伏在海滨小县也不是办法。怎么跳出这一困境呢？东边是茫茫大海，西边和北边是吕布的地盘，往南则是袁术的势力范围；跳海当然不行，出路只有权且投奔吕布或者袁术；袁术因为当初徐州官员去恭迎刘备而冷落自己，对刘备怨气未消，吕布倒是承受过刘备的恩惠，有可能接纳刘备。经过一番慎重考虑，再加上得知吕布与袁术反目成仇的消息，刘备下定决心暂时去投靠吕布，学一学那卧薪尝胆的勾践。他立即修书一封，诚诚恳恳表示：本人完全被您吕将军的声威所慑服，愿意率部投降，在您麾下效犬马之劳。随即命令糜竺带上信函去下邳拜见吕布。

吕布得到刘备的书信，信中那一番恭维的美言，先已使他心花怒放。他想：刘备如今势单力薄，对自己形成不了什么威胁，如果将他收容之后安置在西北方向三百多里处豫州沛郡的沛县（今江苏省沛县），让他当一个空头的豫州刺史，不仅可以帮我牵制西面的曹操，而且到时候还能替我进攻南面的袁术，岂不是报复袁术的绝妙办法吗？他越想越得意，马上痛痛快快回答麋竺：同意刘将军来归，并且委任他为豫州刺史，驻屯在沛县，联合起来进攻袁术。由于沛县属于沛郡管辖，两者都带一个"沛"字，为了明确区分，所以当时习称管辖区域较小的沛县为"小沛"。

半个月后，刘备率领所属的四千人马，从海西回到下邳，在城西郊的泗水岸边暂时安营扎寨，然后他带领少数随从，进城去拜见吕布。二人相见之际，吕布傲然高坐厅堂之上，而刘备则执臣僚之礼甚恭。吕布把架子摆够了，决定对俯首听命的刘备好生施舍一番，以示自己的宽宏慷慨。

次日清晨，吕布率领大队人马出城，在西郊的泗水之滨摆设酒宴，款待刘备一行。这既是接风，也是饯别，因为吕布心中警惕性颇高，他不允许刘备在下邳城郊久留，要他迅速前往小沛即沛县上任。

野花烂漫，芳草如茵；泗水无波，澄江如练。吕布、刘备分席而坐，酒酣耳熟之际，刘备几次想向吕布启齿，提出一项压在心头的要求，却又担心激怒对方，反而使自己走不脱路，便强忍已经到了嘴边的话。吕布早把他那欲言又止的神态看在眼里，暗自微微一笑，便把左手一挥，便有一队车马从城中缓缓而来，到了泗水岸旁的官道上停住。刘备定睛一看，竟然是自己当初担任豫州刺史时的全套车马、仪仗和执事。他正端详间，不料吕布再把右手一挥，只见城中又有一队车马逶迤驶出，也来到泗水岸旁的官道上停住。车门开处，刘备本人及其部属的妻妾儿女，一共二百余人依次下车。这时，吕布才起身对刘备说道："玄德贤弟，仪仗、眷属，公私一切，愚兄我今日皆原璧奉还。此去小沛，尚望贤弟好自为之了！"

说来也怪，当初刘备听到吕布称呼自己"贤弟"之时，心里曾经是老大不痛快，然而今天听起来，却是特别顺耳，特别亲切，特别有人情味。他两眼一热，正要作感激涕零的表示，不曾想吕布先倒止住了他，随即飞身跨上赤兔宝马，缓缓回城去了。行到一里开外的白门楼下时，心中充溢着一股高尚感觉的吕布，还听得见泗水岸旁飘来的哭声和笑声。

吕布的高尚感觉并未能持续很久。就在他送走刘备后几天的一个夜晚，一场兵变突然在他的肘腋之下发生，使他不仅自得之感全消，而且还差一点丢掉了性命。

原来，吕布的手下有一员悍将郝萌，乃河内郡人氏。由于郝萌并非吕布的并州老乡，所以心中总有一种非嫡系的自卑感。而吕布的对头袁术，得知吕布新近收容了刘备，以便共同对付自己，便来了一个以牙还牙，派人暗中去收买郝萌，以重金和高官交换吕布的脑袋。郝萌早有改换门庭的打算。心想你吕布连干爹都敢杀，我难道杀不得你吗？当下便应允袁术，不久将提上吕布的脑袋去作见面礼。

郝萌一面暗作准备，窥测时机，一面拉拢与自己私交甚好的陈宫，邀他入伙，共做这一笔交易。陈宫得知此事，心中犹豫不决。他近来对吕布颇为不满，因为吕布不听他的建议已经有好多次了，继续合作的前途不容乐观。郝萌也正是知道这一点才来找他。但是，真正杀了吕布去投袁术，陈宫也不愿意，一来他下不了手，因为吕布与他并无深仇大恨，二来袁术也不是什么值得自己辅佐的角色，自视甚高却无雄才大略。最后陈宫告诉郝萌：你要怎么干我不管，我不参加，也不揭发，如何？郝萌听了，只好随他，自己下赌注去了。

这一天夜晚，轮着郝萌在下邳城中巡查警戒。他觉得时机已到，当晚半夜时分，便召集手下约一千人马，向吕布的住处奔来。

吕布一家，当时住在徐州刺史官署的内院。郝萌率队来在官署大门前，自称有紧急公务禀告，哄骗门卫打开门后，挥兵一拥而入。经过短暂格斗，几十名门卫或死或伤，全都倒在血泊之中。

郝萌命令部下点燃火把，然后沿着院中的道路推进到议事大堂。穿过议事大堂的左右两道门，便可深入内院。但是，这两道大门均用厚重的硬木制成，极其坚固，兵士们挥动刀斧猛砍，竟然把它奈何不得。郝萌心中焦急。连忙大声喝令手下数十名壮汉，从院中抬来一根粗大的枯树干，对准大门猛撞。砰！砰！砰！巨大的撞击声，顿时打破了深夜的宁静。

把守内院大门的警卫队长，情知外面出了事，赶忙奔向内院深处的吕布卧室，一面猛敲房门，一面高声叫道："将军，大事不好，外边有乱兵造反了！"

此时的吕布，已经被巨大的撞门声和喊杀声惊醒。他听了警卫队长的报告，忽地从卧榻上跃起，披散头发，赤裸上身便想朝门外跑。刚下地奔出两步，听到娇妻在身后哭喊，他又急忙转身拉起妻子，一同跨出房门。他抬头一看，不远处的内院大门即将被撞开，而内院又没有其他门户通向外面，情急之下，拉起妻子便往右边的宅院角落跑去。

吕布要朝什么地方跑呢？这地方当时叫作"溷"（读音与"混"相同），现今雅称"卫生间"，俗名是"茅房""东池""厕所"。原来，那巨大的撞门声突然使吕布心中一动：他们可以用撞的办法进来，我何不用撞的办法出去呢？撞什么？撞墙！撞哪里的墙？撞溷里面那堵单单薄薄而且通往外面官道上的后墙！

进到那臭气飘浮的所在，州牧夫人正要嗔怪，吕布先已运足气力，对准后墙便是几下猛踹。他本来就膂力过人，再加上那土墙年久质松，所以四五脚踹去，后墙竟就倒了。吕布拉着夫人，从蹲坑上相继跳出墙外，趁着夜色溜之大吉。

就在郝萌挥兵杀进内院四处搜寻吕布的时候，吕布已经跑到距离刺史府不远的高顺军营中。这高顺是吕布手下第一个忠诚勇敢的得力干将，他为人清廉，从不接受他人的馈赠，也不饮酒贪杯，容貌威武，神态严肃。他经常向吕布直言劝谏说："古往今来，凡是弄到国亡家破地步的君主，其手下也并非没有明智的忠臣，只不过他们不重用这些忠臣而已。将军您做事之先，往往不肯详加思考，事后又总喜欢发出懊悔的长叹，一个大丈夫哪能总是懊悔不改正呢！"吕布知道他心地忠诚，却不愿采纳其逆耳之言。每逢要打恶仗之时，吕布便想起了高顺。高顺手下号称有一千人马，实际只有七百多人。这七百健儿铠甲齐整，武器精良，每次出击必定攻破敌阵，故而有"陷阵营"的美称。

此时吕布进了高顺的营门，在卫兵的带领下直奔高顺的卧室。高顺一面注意听吕布的叙述，一面下令全营人马紧急集合。他问吕布道："将军您能估计得到带头造反的是谁吗？"

吕布凝神细想一阵，答道："当时声音嘈杂，听不真切，发号施令者似乎是河内郡一带人的口音。"

高顺断然说道："那肯定是郝萌！将军您在此安心休息，待我领兵去平定这帮反贼！"说完他向吕布深施一礼，全副戎装消失在夜色之中。

陷阵营的七百壮士，在高顺的带领下跑步直奔刺史府。一进大门，高顺便指挥部下排成半圆形的偃月阵形，向着那些在府署中四处打劫财物的叛军，用强弓大弩射出像飞蝗一般密集的利箭。叛军被这突然袭击打得晕头转向，纷纷丢下手下的财物准备拔出刀剑抵抗。此时第二阵箭雨又铺天盖地射来，叛军或死或伤，倒下一大半。余下的人看清来者是高顺和他的陷阵营之后，不禁吓得魂飞魄散，有的朝内院奔去，有的从前院的侧门逃走。高顺乘胜推进，一直杀入内院之中。

此时天已微明，目标看得更加真切。陷阵营先在内院的大门两旁用弓弩实施第一波的打击，接着手持长矛大戟，向内院的叛军发起第二波的冲锋。郝萌见势不妙，丢下人马，带着几十名贴身卫士和抢劫到手的一批细软，也从厕所后墙被吕布踹倒的缺口溜走，朝自己军队的营地奔去。

　　高顺把刺史府中的叛军彻底清除之后，留下两百人保护府署及吕布的家眷，自己又带领余下的五百人马，追捕叛军头目郝萌。

　　高顺的人马还没有杀到，逃回自己军营中的郝萌已经遇上了麻烦。郝萌手下有一员部将，姓曹名性，相当精明能干，很受郝萌的信任。此番反水，郝萌事前也曾与他密商行动计划。曹性见吕布安然脱险而高顺杀到，知道反水行动的失败已成定局，便苦想自己的全身之计。想来想去，觉得只有借郝萌的人头，才能保住自己的人头，于是他立即率领亲信，冲向郝萌的大帐。当初吕布向丁原、董卓反水，接着郝萌向吕布反水，现今曹性又向郝萌反水，这种下级想要上司脑袋的闹剧如走马灯似的演将出来，究其原因恐怕还是吕布把头带坏了的缘故吧。

　　曹性率队冲来，正好被郝萌的一名侍卫看见，连忙呼叫报警。郝萌还未卸下甲胄，立即抓起一柄长戟，带着侍卫奔出大帐。刚出帐门，郝萌就瞧见曹性气势汹汹地杀到，两人也没有言语，闷头闷脑展开一场恶斗。大战十几回合之后，郝萌眼明手快，一戟刺中了曹性的胸部，只是由于铠甲的阻滞，才没有危及生命。曹性强忍伤痛，趁郝萌拔戟之际，抢步上前，挥刀砍断了郝萌的左臂。郝萌高叫一声，正要上马逃走，不防高顺这时从他背后驰马赶到，手起矛落，将他刺死在马下。

高顺跳下马，亲手砍下郝萌的脑袋，又命令手下用一张小床，抬上了负伤的曹性，一齐前往州牧府。

这时天色大明，吕布得知郝萌叛变已经平定的消息，便回转刺史府，召集文武官员到议事大堂，清查事件真相。不一会，高顺带曹性抵达，先献上郝萌的首级，接着报告了平叛经过，并盛赞负伤之后依然奋勇血战的曹性。吕布向郝萌的脑袋端详一刻，用脚踢去，那脑袋便在地上滚出几尺开外，接着骂道："忘恩负义的反贼，你也想杀我！"

吕布吩咐手下把人头挂在市场上示众，这才转头问曹性："郝萌为何要造反？"

曹性在床上躺着答道："回禀将军，郝萌受了袁术的收买，想用您的生命去换高官和重赏。"

吕布"哦"地轻叫一声，又问道："参与这场阴谋的还有谁人？"

曹性答得很干脆："同谋者是陈宫。"

曹性的声音虽然微弱。却使全场的文武官员们心中为之一震。在座的陈宫本人，更是觉得有如霹雳在耳边响起，当时脸就红了。

众人都看出陈宫的神色有异，但是此时的吕布倒相当冷静，他想：陈宫是自己的主要合作者，当初在兖州拥戴自己立过大功，虽说是同谋，但他没有参与郝萌发起的反叛行动，还是和衷共济不加追究为好。主意打定，吕布便把话题一转，问道："你何以要对郝萌反戈一击呢？"

曹性早有准备，便应声答道："郝萌曾经给末将透露过一次心中的想法，说是想加害将军改投袁术，末将当时就断然拒绝，并告诉他吕将军乃天下名将，暗中有神灵保佑，福大命大，任何人也伤害不了他。郝萌假意表示信服，所以末将没有报告将军。没想到今天郝萌如此疯狂凶恶，末将宁可有负于郝萌，也不愿背叛将军啊！"

一番话说得吕布十分感动。他不禁脱口称赞曹性道："你真是一位大丈夫！"于是吩咐军中良医好好疗治他的创伤，伤好之后即担任郝萌全营人马的新指挥官。

参与密谋的陈宫受到善意的宽恕，反戈一击的曹性得到慷慨的奖赏，那么平息叛乱的高顺呢？

说来令人难以置信，忠诚的高顺不仅没有得到任何好处，反倒丢了兵权，从吕布事后的处置看来，就好似叛乱的罪魁祸首不是郝萌，而是忠心保主的高顺一般。

原来，此番事变之后，高顺的威望陡然升高，吕布感觉到这一点，心中很不是滋味。加之高顺又再三进献忠言，要吕布认真识别如郝萌之类的小人，不再偏听偏言，吕布更不愉快。他不久便下令，把陷阵营的七百人马，转拨给自己的亲戚兼部将魏续统领，到上阵打仗的时候才暂时由高顺带着去冲锋陷阵。

人们对此愕然不解，陷阵营的将士更是愤愤不平。然而高顺本人却毫无怨言，痛痛快快地交出兵权，从此成了一位光杆将军。

吕布在对待高顺这件事情上，确实做得不够光彩。但是，不久吕布却又做出一件颇有光彩的事来，而且千载之后依然脍炙人口。这正是：

高顺功高遭冷遇，忠奸不辨是何人？

要想知道吕布接下来做出了什么样脍炙人口的光彩事，请看下文分解。

第十四章

射戟营门

时间来到建安元年（196 年）的秋天。

此时徐州以西的关中和中原地区，政局发生了急剧的变化。七月间，在长安的 16 岁汉献帝历经千辛万苦，终于逃出李傕、郭汜等凶悍之徒的强力控制，逃回了旧京洛阳。但是到了洛阳一看，喜悦之情顿时云散烟消，从前偌大一座锦绣繁华的京城，而今成为一片长满荆棘荒草的废墟，败瓦颓垣之中，只有黄狐黑鼠出没。没有房屋住，没有粮食吃，史书上如实描述了当时悲惨的画面：

> 天子入洛阳，宫室烧尽，街陌荒芜，百官披
> 荆棘，依丘墙间。州郡各拥兵自卫，莫有至者。
> 饥穷稍甚，尚书郎以下，自出樵采，或饥死墙
> 壁间。

说是皇朝天子完全沦落为流浪街头的弃儿，割据地方的
诸侯忙着争夺地盘，对他不屑一顾。

就在这时，曹操却独具慧眼，看到了汉献帝在政治上无
比宝贵的政治价值。他立即见机而作，亲率强兵从兖州赶往
洛阳，把汉献帝和朝廷百官接到自己控制的豫州颍川郡许县
（今河南省许昌市东），将此地作为临时首都。从此，曹操动
辄“挟天子以令诸侯”，占据了政治上的巨大优势。紧接着，
他又利用颍水灌溉之利，在许县的平坦土地上，大规模推行
屯田，努力积聚粮食。当割据群雄中有的军队吃了上顿愁下
顿，甚至以螺蚌、人肉充饥时，曹操已经有了充足稳定的军
粮来源，从而又在经济上占据了巨大优势。有了上述的两大
优势，曹操就已奠定扫灭群雄统一北方的雄厚基础了。

正当曹操抢占先机，接连下出这两招关系到此后历史发
展大格局的妙棋时，东南方的吕布、刘备、袁术三支势力，
还处在你争我夺打得不可开交之中。吕布做出脍炙人口的光

彩事，就发生在这个时候。

话说刘备投奔了吕布，率领家小部属来到被称为"小沛"的沛县，建立起豫州刺史衙署。大致安定下来之后，刘备即抓紧时间加固城池，招募兵马，囤聚军粮。他知道，这小沛不比偏处海滨的海西县那么安全宁静，此处乃是有名的"四战之地"，即四面平坦通畅可供大部队杀进杀出的地方。当前，西面的兖州有曹操，东面的徐州有吕布，南面的扬州有袁术，都如同《周易·颐卦》中所言，是"虎视眈眈，其欲逐逐"的角色。自己要想在这种环境中立足，不抓紧时间壮大力量，只有成为刀俎之上的鱼肉一途。

刘备在小沛扩军备战，很快便引起宿敌袁术的注意。这小沛位于袁术所在的寿春城正北六百里，是袁术向淮水以北发展的通道所在，加之刘备的力量一旦壮大，与吕布形成掎角之势，对袁术的北进更加不利。这个心腹之患不解决，就是当了皇帝，睡觉也是不安稳的，所以忙于筹办称帝登基大典的袁术，仍然抽出空来思量一番，最后决定：趁刘备刚到小沛不久，基础尚浅，立即以大兵围歼之！

这年九月，袁术派遣大将纪灵，率领步兵、骑兵三万之众，北渡淮河，浩浩荡荡杀向小沛。刘备得到斥候（即侦察哨兵）的十万火急报告，不禁心中紧张。此时此刻，他的兵力总共不超过五千之数，而且粮食不多，兵器缺乏，要想长期抗衡三万敌军，显然凶多吉少。于是，他一面作好据城死战的准备，一面派出糜竺赶往下邳去向吕布求援。

吕布的部将大多对主帅优容刘备有看法，这时巴不得刘备遭灾受难，所以纷纷进言道："将军您经常都想杀刘备，现今不是正好假手于袁术来达到目的吗？"

这一次的吕布，竟然表现得既深谋远虑而又气度弘广了，他缓缓回答说："不然。袁术此番如果击溃刘备，就可以与我们北面的敌对势力取得联络，那时我们就处在袁术的包围之中了。为今之计，一定要救刘备才是上策！"

吕布所说的"敌对势力"，是指驻扎在徐州琅邪郡开阳县（今山东省临沂市北）的一支武装力量，其首领姓臧，名霸，字宣高，乃兖州泰山郡费县（今山东省费县东北）人氏。臧霸其人骁勇善战，其根据地开阳城，南距下邳不过三四百里，所以吕布一直提防着他。此后不久，臧霸又与吕布修好，这是后话。

当下诸将无言，吕布亲自率领精锐步兵一千，铁甲骑兵二百，驰赴小沛来救刘备。有人向他进言，说是出动的兵马似乎少了一点，不足以逼退袁术的三万大军。吕布听了哈哈一笑，说道："对付纪灵这种无名之辈，一千兵马足矣。此番我吕布将要兵不血刃，逼退他三万大军，让诸君也开一开眼界！"

三天之后，吕布的人马抵达小沛，他立即下令，在城西一里左右的泡水河畔安营扎寨。

正想对小沛城池发起猛攻的纪灵等将，见吕布亲自带领一彪人马飞也似的赶到，不前不后，不左不右，恰好插在本部大军与小沛城池的中间，情知来者不善，善者不来，只好暂时停止攻击行动。他们知道，吕布其人，骁勇无双，乃天下闻名的飞将，而且他的大本营下邳又距此不远，如果把他冒犯激怒了，这个仗就不好打了。他们此行是奉命打刘备，又不是打吕布，所以不愿多惹事端，弄得吃不了兜着走。不过，吕布跑到这两军之间来干什么呢？

纪灵等人正在猜测吕布的来意，吕布的传令官已经送上请柬，邀请纪灵诸将，次日清晨到吕布的大营赴宴。

纪灵心中暗自思量：吕布从下邳城风尘仆仆地赶到此地，难道就是想招待我们一顿酒肉吗？他的酒肉岂是可以随便吃的？谁知道是不是一场鸿门宴呢？经与众将商议，当天下午他又派人给吕布送去一张措辞谦恭的请柬，上面大意是说，吕将军威名远扬，莫不钦佩，远来乍到，于理为客，纪灵等自应接风，岂有先叨扰将军之理？谨备薄酒，恭请将军等明晨光临。

吕布收到请柬，微微一笑，觉得自己的判断没有错，纪灵此人果然胆气不雄。既然如此，自己的计划看来就不难实现了。于是，他立即派人去做各项准备去也。

次日清晨，大约在辰时时分（相当于现今的七时至九时），爽气秋风之中，一支百余人的马队来在纪灵军营的大门口。早已在此恭候的纪灵等人，连忙上前迎接。吕布与纪灵等人见礼之后，便介绍身旁一人道："此乃吾弟，豫州刺史刘玄德。"

纪灵心中着实吃了一惊，心想眼前的二位竟然都是胆大包天的角色，比我厉害多了。而刘备却大大方方、安安详详上前施礼。来者就是客，纪灵连忙还礼，并招呼客人们到大帐中落座。

片刻之后，酒宴开始，水陆毕陈，觥筹交错，气氛渐渐热烈起来。吕布喝到兴头正旺之际，指着紧靠自己身边的刘备，认认真真对纪灵等人说道："玄德，乃吕布之贤弟。他现今被诸君所困，所以我特地从下邳赶来解救他。我吕布平生，不喜欢挑动他人相争，却偏爱劝解他人相斗。"

说到此处，吕布霍然起身，挥手邀请在座众人道："诸君暂请离席出帐，且看我吕布劝解相斗之法！"

众人纷纷离席，来在大帐之外。刘备与吕布的部将站在一侧，纪灵等袁军将领站在另一侧，英气勃勃的吕布立在正当中。当下吕布命令手下一名军校，取来一柄长戟，插在靠近军营门口的平地之上，然后他向纪灵借得其自用良弓，弯弓搭箭，试瞄一番，随即对左右众人说道："诸君，吕布今日要射那长戟上的小枝。如果射中，双方就各自退兵；设若不中，任随君等留下来决一死战，我吕布就撒手不管了！"

两旁的众人一看，吕布距那军营门口直立的长戟，足足有百步之遥，长戟顶端，那呈直剑形的主枝还清晰可见，而主枝旁侧那呈新月形的小枝就有点模糊难辨了，都想这如何射得中？刘备心中最为焦急，因为吕布事先只说邀他一起前来赴宴，保证为他解除困境，却没透露如何解除困境的妙招。哪里想到吕布几杯酒下肚，竟使出这么一个玄乎其玄的招数来，岂不是在开大玩笑吗？最为高兴的当然是纪灵，心想：你吕布难道是春秋时期百步穿杨的神射手养由基再世吗，竟然敢夸如此的海口？于是他和部将都连连点头，齐声赞同吕布的豪赌性解决办法。

吕布从容说道："君子一言，驷马难追。诸君试看吕布的身手！"

说完他轻舒猿臂，挺直熊腰，左手握弓，右手搭箭，将那良工制作的一张硬弓拉成满月之形。在场的众人，以及两旁瞧热闹的上千袁军士兵，全都屏住呼吸注视着吕布的动作，气氛顿时如那张弓和弦一般紧张！

说时迟，那时快，弓弦响处，箭似流星，只听得当的一声脆响，那支箭不高不低，不左不右，正中那戟上的小枝！长戟近处的袁军士兵看得最为真切，不禁先就喝起彩来。

刚才去插立长戟的那名军校，又把长戟拔出端了过来。众人仔细一看，长戟的小枝之上，确确实实留下了一个被箭头撞击的新痕迹，清晰异常。此时吕布把弓箭还给纪灵，得意扬扬地盯着对方，微笑着问道："如何？"

受到强烈震撼的纪灵，赶紧答道："将军真是天赐神威也！"

看着吕布脸上的得意之色，纪灵知道自己如果食言而不退兵，吕布的面子上一定下不来，必然要兴兵和自己作对，再说部下将士近日士气也不高，他们也不愿同吕布交兵，不如送他一个人情吧。于是他邀吕布、刘备入帐续饮，酒酣耳热之际，他当众宣布：三日之后退兵。在座的刘备，顿时如释重负。

过了三日，纪灵果然率军退去。吕布告辞了千恩万谢的刘备，径直回转下邳。如果说当初他鸠占鹊巢，夺了刘备的徐州，算是对不起刘备一回的话，那么现今就完全对刘备给出充足的补偿了。难怪他在途中，谈笑风生，心情真是好极了。

但是，世事多变。谁能料到没过多久，吕布却突然对刘备翻了脸。

原来，吕布射戟营门这一幕，深深挫伤了刘备的自尊心。本来也是，男子汉大丈夫挺立在天地之间，当求自强自振，岂能如婴儿蜷伏于他人的保护之下？而要自强自振，只有加紧扩张实力这一条路。于是在纪灵撤军之后，他便以一种近乎疯狂的干劲，招兵买马，修城聚粮。一个多月时间过去，其麾下军队竟然剧增到上万人之多。消息传到下邳，吕布顿时坐立不安起来。

吕布清醒地知道，刘备是一个非凡人物，在其力量不大时还无所谓，一旦羽翼丰满则不可挟制。如若任其实力扩张，不久就将对下邳构成严重的威胁。此时，他部下的众将亦力劝剪除刘备，以免养痈遗患。因此，在射戟营门之后一个多月，吕布亲率主力两万人马，突然奔袭小沛，决心要把他的"玄德贤弟"送上西天。

对于吕布那种少见的反复无常性格，刘备此前已有亲身的体会。但是这一次，刘备仍然没有想到，吕布翻脸竟然翻得如此之快，所以当部下来报，说是吕将军大兵压境，距小沛只有三十里的时候，他不禁怀疑是不是自己的一对大耳朵听错了。

这一战的结果，不须细说也可想而知，吕布大获全胜，刘备一败涂地。后者与关羽、张飞、赵云、麋竺等人，领着两千左右的残兵，保护家小撤出小沛，向西仓皇逃走。一个多月来他在小沛的创业努力，与他在下邳的苦心经营一模一样，全部都毁于一旦！

刘备率众西逃，前去投奔曹操。当时，刘备夹在三大势力的中间，东有吕布，南有袁术，西北两面则是曹操。他和吕布刚交过手，和袁术则是宿敌，你说他不投曹操还能投谁？好在刘备与曹操是旧交，上一年的六月，曹操又曾推举他担任镇东将军，封宜城亭侯，人情美美，看来接纳老友栖身一时，不会有什么大问题。经过商议，他便带领部下，直奔西边的许县而去。

十天之后，刘备一行抵达许县的曹操大营。登时，在曹营的智囊团中，就如何对待这位不速之客，引起一场不大不小的争论。以程昱为代表的多数谋士，力主杀死具有雄才大略的刘备，以免后患。但是，少数谋士的看法不同，其主要发言人郭嘉说："刘备确有英雄之志，无须讳言。不过，曹公提剑举义兵，当推诚仗信以招引俊杰。而今刘备困穷来归，如果立时杀他，则天下智士将人人寒心，另择新主，明公您又将与谁共定天下呢？为了去除一人之患，不惜伤害四海之心，这关乎全局安危之机，不可不详察啊！"

一席话说得曹操连连点头，于是决定收留刘备。当然，他也不能白白收留客人，客人也应当为他效点犬马之劳，帮他扩张地盘。因此，他给刘备补充了一千兵马和粮食武器，然后命刘备回到东面的沛郡，收合流散的旧部，伺机图取吕布。为了鼓舞刘备部众，曹操上奏汉献帝批准，又送他一个"豫州牧"的空头官衔。

这边在下邳的吕布，得知刘备投了曹操又返回沛郡的消息，心中十分恼怒，暗想：当初自己围攻小沛时，怎么会让这家伙跑了？下次抓住他，一定要生嚼他那两个大耳朵！眼下自己正在对付南面的袁术，还抽不出时间到西面去活捉他。但是，不去触动这家伙，让他这段时间在沛郡逍遥自在，欣赏泡水两岸的好风光，也太便宜他了吧。左思右想，吕布决定写一封信去辱骂刘备，骂他是忘恩负义的小人，是一事无成的混蛋，是仰人鼻息的走狗，是低三下四的可怜虫！总之，挑难听的骂，挑他刘备的短处骂，骂他个一佛出世二佛升天，以出我胸中这口恶气！

吕布其人，向来是"动手不动口"的赳赳武夫，现今竟想出这种"动口不动手"的君子招数，也真是难为他了。此种招数，总得要有一位文笔老辣的书生来施展本领才行。谁人堪当此任呢？挑来选去，吕布觉得只有一个人最合适，此人便是自己门下的宾客袁涣。

　　袁涣，字曜卿，乃豫州陈郡扶乐县（今河南省太康县西）人氏。这袁涣出自名门，其父袁滂，曾任司徒，是当时朝廷的第一流高官。他本人喜好清净，一举一动都遵循礼节，外表看来是温和文弱的书生，但是在关键时刻，却能表现出超人的勇气和节操。当初刘备在当豫州牧时，非常赏识袁涣的才学品德，便举荐他为茂才，请求朝廷重用。所谓的"茂才"，是东汉的人才选拔科目之一。最初在西汉时称为"秀才"，东汉为了避开光武帝刘秀的名讳，改称为"茂才"，由该州的行政长官州牧或刺史来推举，每年每州只有一人，条件是才学优异的本州土著人士。由于战乱，被推举的袁涣，没有去许县的朝廷报到，而是前往江、淮之间躲避战乱，结果被吕布强留下来。

　　吕布之所以挑中袁涣，一是他的文笔出色；二是他曾经与刘备交往，熟悉其人其事，知道该骂什么和该怎么骂；三是认为他为人和柔，不会拒绝。但是，吕布却想错了！

　　袁涣一听吕布要他干这桩事儿，马上断然拒绝。吕布一而再、再而三地要求，袁涣一而再、再而三地推辞。事出意料，吕布不禁勃然大怒，唰的一声抽出腰间的佩剑，将那寒光闪闪的剑尖指着袁涣的胸口，叫道："袁涣袁涣！今天你写信则生，不写则死！"

好一个袁涣，此时此刻面不改色心不跳，他看了看胸前那道寒光，微微一笑，说道："我袁涣长这么大，只听说道德高尚可以使对方自惭形秽而感到羞耻，从未听说可以用辱骂来做到这一点。如果刘备是君子，他接到将军您的信绝不会感到耻辱；如果刘备是小人，他就会写一封同样的信来骂您，到时候受辱的难道只有他吗？再说了，万一此后袁涣漫游到刘备门下，就像今日在将军门下一样，那时我又替他来辱骂您，这能行吗？"

吕布听了，既佩服袁涣的勇气，又觉得他的话句句在理，看着袁涣那文弱的身躯，吕布心里反倒涌起一阵羞惭，便慢慢收起手中的利剑，轻轻说了一句："你说得不错，此事就算了吧。"这正是：

文弱书生扬正气，武夫惭愧敛凶残。

要想知道吕布在这场风波之后，将得到什么启发，又有怎样的新动作，请看下文分解。

第十五章

许婚退婚

　　吕布强迫袁涣写信辱骂刘备未能如愿，不免心中遗憾。他怏怏不乐地回转内房，长叹一声自语道："想我吕布英武无双，一杆钢矛，一张硬弓，杀遍天下无敌手，到头来却指挥不动书生的一枝秃笔啊！"

　　到了这时候他才意识到：自己手下有冲锋陷阵的骁将，却缺少舞文弄墨的书生；要是如袁涣之流的写手再多几个，他能摆臭架子吗？他不写自有人写，悬一笔重奖在那里，想写的人恐怕会争得大打出手头破血流，还要我大费口舌吗？

于是，他决心物色为自己服务的书生了。

有幸领受到吕布青睐的，就是张纮。

张纮，字子纲，乃徐州广陵郡（治所在今江苏省扬州市西北）人氏。其人少年时即游学京都洛阳，随从名师受教，《诗经》《尚书》《周易》《礼记》《左传》等儒家经典，无不烂熟于心。他不仅博览群书，而且具有非凡的文学才能，诗、赋、铭、诔各体文章样样来得。他还能写一手好字，尤其擅长楷篆，当时的大名士孔融，得到他的亲笔书信时，曾对其书法赞赏不止，说是"每举篇见字，欣然独笑，如复睹其人也"。至于张纮的文章如何，从下面一则小故事中即可明白。

张纮有一位同郡老乡，姓陈，名琳，字孔璋。这陈琳乃是东汉末年文坛上的顶尖高手之一，与孔融、王粲、徐幹、刘桢、应场、阮瑀并称"建安七子"。张纮有一次作了一篇《楠榴枕赋》，陈琳在北方得到此文，觉得真是句句锦绣，字字珠玑，先是送给北方文士传观，而且对每位观赏者都忘不了介绍一句："这是我同乡张子纲的大作啊！"随后又写信与张纮说："我的文章同您一比，正所谓小巫见大巫，神气全尽了！"从此之后，"小巫见大巫"的成语便流传至今了。

有这样的人来当写手，自然可以笔扫千军。可是目前张纮为了躲避家乡的战乱，正在江东孙策的手下当幕僚，如何才能把他请回徐州来呢？吕布想了两天，终于想出了一个办法。他要以张纮家乡所在的州长官身份，给在江东当会稽郡（治所在今浙江省绍兴市）太守的孙策送去一封公文，说是自己已经举荐了张纮为本州的茂才，请他迅速派遣张纮回下邳的刺史府署报到，然后等待朝廷的叙用。

按照东汉制度，一个州上百万的人口，每年州长官只能推选一人为茂才，中选的机会极为难得。所以。尽管民间有"举茂才，不知书"的讥评，直到东汉末年，茂才仍然是士子艳羡的荣誉桂冠。比如稍后的陆逊，在帮助吕蒙使用白衣渡江的奇计袭杀关羽夺得荆州之后，升任镇西将军的高官，又封娄县侯的显爵，吴主孙权仍然觉得赏赐陆逊的荣耀不够，又让其家乡所在的扬州，追举陆逊为茂才，由此可见这顶桂冠在当时人们心目中的分量。吕布认为自己给了张纮天大的荣耀，你张纮还不屁颠屁颠地跑回来领受吗？

可是，他却想错了！

吕布的公文送到江东，孙策立即把此事告知张纮，征求他的意见。张纮当场斩钉截铁地表示态度：不去！

张纮自有想法。首先，他瞧不起吕布，不是因为吕布有勇无文，而是厌恶他的德性——贪财，好色，又还反复无常，不讲信义。让这样的人来举荐自己，茂才的荣誉桂冠也会黯然无光。今后要是有人指着我的脊背议论，说此人的举主乃是杀过恩人、盗过皇陵、诱奸过义父小妾的吕某，那我张纮岂不要羞死呀！其次，吕布举我当茂才不过是手段，目的是要我为他效劳，这就更要慎重考虑了。他为人如此，当今群雄并起，正是智者所言的"非但君择臣，臣亦择君"的时代。孙策将军继承父亲孙坚的事业，现今已占有江东数郡之地，人虽年轻，却有雄才大略，可谓前途无量，而且他对我极为尊重，不耻下问，我又为何要舍此而就彼呢！

孙策，字伯符，他是孙坚之子，孙权的大哥。其父孙坚本是袁术的部将，在几年前阵亡。孙策率领父亲旧部，杀回家乡江东创业，现时已占有会稽、吴、丹杨、豫章、庐陵五个郡，事业正处于上升阶段。他也正在积极招纳贤才，怎么舍得张纮离去？听了张纮的态度表示，孙策当然高兴，他立刻请张纮为自己拟就答复的文书一封，交给吕布的来人带了回去。

十天左右，吕布收到回文。他急忙打开一看，起头和结尾的客套话不必说，那中间一段的实质性文句写道："海产明珠，所在为宝；楚虽有材，晋实用之。英伟君子，所游见珍，何必本州哉！"

吕布虽然是老粗，这段话的意思也还是大体读懂了：大海里出产的明珠，人世间到处都视为宝物；所以人才虽然出在楚国，却不妨在晋国得到重用；杰出伟大的君子，漫游到哪里都会备受青睐，何必要死盯在家乡的本州啊——一句话归总，孙策那小子不放人！

吕布费了好大的心思，竟然得到这么一封文绉绉的回绝短函，不禁又羞又恼，他正要向使者发作，下人前来报告，说是袁术派来的一队官员，带着丰厚的礼物要见将军了。

袁术的使者来干什么？吕布心中疑惑不解。因为自从袁术许了二十万斛米粮的空头支票不向吕布兑现以来，两人虽未公开宣战，却也接近宣战的边缘了。不过一听有丰厚礼物，他又来了劲，立即兴冲冲地接见来使。听了对方的说明之后，吕布颇感意外，为什么呢？原来袁术是想和自己结为儿女亲家！

此时的袁术，正在淮南一隅做他的皇帝梦，他开始在寿春城中修建宫殿，在城外筑起祭天祭地的神坛，内定了朝廷百官和皇后妃嫔，并且预定在建安二年（197 年）的二月正式登基。就在密锣紧鼓筹办一切的时候，袁术突然想到，还应当在自己的地盘之外，拉来几个支持者，不然自己登基之后，四海之内竟没有人鼓掌捧场，岂不是大煞风景？不过，想来想去，他却没有能凑出几个合适的对象，因为他的朋友实在是太少了。算上曾经是自己部下的孙策，再加上一个还没有兵戎相见的吕布，仅此二人而已。虽说占据冀州易县（今河北省雄县西北）一带的公孙瓒，也是自己的盟友，但是相距太远，中途要经过刘备、曹操、袁绍三人的占领区，这三人都是自己的死对头，困难太大，只好作罢。

袁术首先派人去争取南面的孙策，他认为孙策年轻无知，又是自己的下属，容易说通。不料二十三岁的孙郎得知此事，马上请文坛健将张纮，洋洋洒洒写了一封千字长文，引证古今，罗列了"九不可"的充分理由，坚决反对袁术当皇帝。袁术看了，气得差一点病倒。愁闷之中，他只好把希望寄托在北面的吕布身上了，于是便派出一队使者前往徐州。

这一次，他确实下了大本钱，从库房中拿出一批金器、银器、玉器、珍珠、锦帛作为礼物不说，还要替自己的儿子，礼聘吕布的女儿为妻。先等吕布接受聘礼双方关系亲密起来之后，下一次再告诉他自己准备称帝之事，到时候他碍于情面，自然要表示支持。如果吕布不同意定亲，今后肯定也不会赞同我称帝，那么他就不会接受我的聘礼，原物带回，我至少不蚀老本嘛。这便是袁术在孙策那里碰壁之后，在吕布身上打的如意算盘。

袁术派来的使者极善言辞，见面后的一番恭维话，先就把吕布捧得来笑容满面，接着他把带来的几十个礼品盒一一打开，顿时厅堂中映射着一片宝气珠光，在场的人，包括吕布在内，眼睛都睁圆了。

这么一笔厚礼可不能放走！再说与袁术结为亲家，也可以增强自己的声势，以便抗衡西面的死敌曹操、刘备。吕布不假思索，当场便答应对方的求婚。来使高兴非常，很快回寿春复命。

第一步取得成功，袁术精神大振，愁闷顿去，病态全消。于是在这一年二月的良辰吉日，先后到南郊的圆坛祭天，北郊的方坛祭地，宣布正式登基，当起皇帝老倌来。

称帝后不久，袁术便开始实施第二步计划。他派了一个官阶更高，嘴巴也更会说的下属，此人姓韩名胤，带领了一个使团前往徐州。此行韩胤有两大任务：一是正式迎亲，接吕布的女儿到寿春完婚；二是向吕布通报袁术已经称帝，作为亲家，要劳烦吕布为新皇帝喝彩捧场。当然，为了实现这一步计划，袁术又忍痛下了一笔财物方面的大本钱。

在这年的春夏之交，花红柳绿，水碧山青。韩胤率领的迎亲使团，在寿春城的北郊上船，顺淮河东下，中途向左转入泗水，再溯流北上，直达下邳城下。当插满彩旗的船队停靠在南门码头时，使团受到热烈的欢迎，鼓乐声响彻云霄，全城居民很快就都知道：淮南的迎亲船队到了！

韩胤的两大任务完成得异常顺利。他摇动三寸不烂之舌，说明袁术登基称帝是如何顺应天意，符合谶纬所显示的吉祥征兆，又说吕布的女儿此去便是太子的嫡妃，将来则是正宫的皇后，最后则拍着胸口保证，异日袁皇帝将源源不断地向徐州提供人力、财力和物力上的强大援助，当然也暗示了条件，吕布要公开宣布支持新天子才行。吕布一概应承，合府上下喜气洋洋，只有他的妻子和女儿除外。这两母女因为面对远别，抱着哭得来如同泪人儿一般。

很快到了启程这一天，吕布与家属、部下一起，把爱女送上官船。依依告别之后，各船解缆升帆，缓缓离去。那韩胤站在船尾，看着渐渐退去的人群和下邳城楼，心中如释重负。此行的两大任务终于圆满完成，剩下来的事，便是领受圣上高官厚爵的奖赏了。

但是，他万万没有想到，等待自己的并非高官厚爵，而是一场杀身大祸。

就在韩胤一行离开的两天后，一队人马从西面邻接徐州的豫州沛国（治所在今安徽省濉溪县西北）疾驰而来，抵达下邳的徐州官署，求见吕布。吕布把下人送进来的客人名刺一看，立即吩咐大开中门有请，并亲自迎了出来。

来客是谁呢？

此人姓陈，名珪，字汉瑜，乃下邳国淮浦县（今江苏省涟水县西）人氏。这淮浦陈氏，是当时著名的官宦人家，在徐州享有很高的声望。陈珪本人，现任沛国的国相，是徐州士大夫当中的领头人物。他的四个儿子，现时都在下邳城内暂住。其中长子陈登，字元龙，兼长文武，具有雄才大略，名闻天下。陈珪、陈登父子一致认为，曹操是最有光明前途的政治领袖，决心当坚定的拥曹派。而吕布一旦和袁术结成儿女亲家，徐、扬二州力量联合，便将成为曹操的劲敌，所以陈登赶忙派心腹向老父亲陈珪通报消息。陈珪星夜兼程，驰往下邳面见吕布。这一见，不仅拆散了袁、吕两家的儿女姻缘，而且把韩胤的小命也送上了西天。

宾主入座，陈珪便开言问道："听说将军要与袁术结为亲家，可有此事吗？"

吕布对这位老前辈相当尊重，便恭敬回答道："确有此事，两天前已送小女到淮南去完婚了。"

陈珪说："老夫从沛国赶来，就是要劝告将军，此事万万做不得啊！"

吕布吃惊不小，忙不迭问道："何以见得呢？"

陈珪长叹一声，极为诚恳地说道："将军联姻袁术，目的在于取得外援。取得外援是应当的，但是一定要选好对象啊！现今曹公奉迎天子到许都，辅佐朝政，名正而言顺，他本人具有非凡的治国安邦之才，将遵照天子之命平定四海，其前途不可限量。将军自应与他同心协力，才能得到泰山之安。那袁术说地盘只有淮南一隅，区区一两郡之地，实力连将军的一半都不如，您怎么反而去依靠他？袁术非分称帝，已经引起天下公愤，他心中恐惧，故而向将军您求亲，这是在利用您啊！目前普天之下，您看有谁支持他？将军一旦与他结成亲家，便将和他一起蒙受不忠不义之名，将如董卓那样成为全国共讨的逆贼，届时袁术自顾不暇，又岂能援助您？到时候恐怕将军处境就危如累卵了！"

一席话说得吕布心中发冷。陈珪的分析得很对呀，我事前怎么就没有想到这些呢？再说袁术这家伙一贯靠不住，当初我帮他杀死董卓报了家族的血海深仇，他却毫不感激，在南阳接待我时极不厚道；前不久帮他把刘备赶出徐州，他又食言，许诺的二十万斛米粮成了空话。此番完婚，是我的人去到他家，而不是他的人来到我家啊。万一今后他拿我的爱女作为人质，要挟我为他做这做那，我只有照办的份，岂不成了他的忠实走狗了？

吕布越想越不对，越想越后悔，忙问陈珪道："小女已经登舟上路，怎么办呢？"

陈珪见吕布改了主意，心中暗喜，立即答道："这有何难！船行缓慢而马行快速，只消派出五百铁骑，由陆路直奔正南，在淮河上游拦截，即可追回令爱呀。"

原来，由下邳乘船到寿春，先是顺泗水而下，方向往东南。到了淮阴县（今江苏省清江市西南）附近入淮河，溯流而上，又折向西南。这两段路，大体是等边三角形的两条边，船行至少需要五天。而由下邳奔正南直插淮河，便是这三角形的第三条边，直线距离约二百五十里，训练有素的铁骑兵用不到两天即可赶到。陈珪的家乡即在淮河边上，所以熟悉这一带的地理交通，完全是胸有成竹。

吕布大喜，马上派出五百并州铁骑，直奔淮河。果然不出陈珪所料，骑兵出发后的第三天，便在淮河北岸边截住船队。于是船队又调头退转，驶回下邳城下。全城的居民很是奇怪：怎么淮南的迎亲船队又来了？

由悲转喜的人是吕布的千金，她又回到母亲的怀抱；由喜转悲的人是迎亲的韩胤，他被抓起来丢进监牢。

不久，由吕布派出的特使及随员共一百余人，离开下邳前往正西面的许都。特使带了一批进呈给汉献帝和执政官曹操的珍稀物品，还有两份文书。

第一份文书是上奏天子的表章，首先详细揭发了袁术僭号称帝的具体事实，包括修造宫殿，祭祀天地，建立朝廷，任命百官，如此等等，然后说明为何自己未能亲自前来许都朝见陛下的原因，吕布说："臣本当迎大驾，知曹操忠孝，奉迎许都。臣前与曹操交兵，今操保傅陛下，臣为外将，欲以兵自随，恐有嫌疑，是以待罪徐州，进退未敢自宁。"大意是说，自己因为此前曾经与曹操兵戎相见，所以不敢贸然前往许都觐见，而是待在徐州等待朝廷的处分。

第二份文书，是专门写给曹操的亲笔问候致敬信函，他写道："布，获罪之人，分为诛首；手命慰劳，厚见褒奖。重见购捕袁术等诏书，布当以命为效。"意思是说，我吕布本是有罪之人，按理应当首先处死，没想到此前曾得到您的亲笔信，慰勉有加，十分感激。现在又见到朝廷悬赏捉拿袁术等逆贼的诏书，我吕布自当尽力报效，抓获他们送交朝廷惩处。

除此之外，还有一样进献给朝廷的特殊"贡品"，那便是戴上脚镣枷锁后关在囚车当中的迎亲官韩胤了。他是袁术造反作乱的活见证，也就是"人证"。

　　半个月后，吕布的特使到达了许都。次日，可怜的韩胤就被五花大绑，押赴许都的集市之上，当场斩首示众。可见人的嘴巴太会说了，有时候也可能招来杀身之祸，真是悲哀啊！这正是：

　　　　枉死城中多怨鬼，又添一位迎亲官。

　　要想知道吕布与曹操搭上关系之后，两人之间又会生出哪些恩怨情仇的曲折故事，请看下文分解。

第十六章

许都求官

　　本来，押解韩胤进京朝见的使命，陈珪是想让长子陈登承担的，但是吕布没有同意他的建议。为什么呢？

　　吕布心想：劝我与袁术断绝婚姻并同曹操搞好关系，这主意是你出的；如果再派你的公子进京，他肯定要把你的功劳和作用，向朝廷大吹特吹一番，那我吕布岂不成了你的陪衬了？既然我决定要投靠朝廷，修好曹操，那么我就要派自己的使者，把这一切说成是我自己的主意才对，以免他人分享好处。你陈珪企图贪天之功吗？没门！我吕布是何等样的人物，还看不透你老头子心中那点小算盘么！

　　然而陈珪心中的老谋深算，吕布哪里琢磨得透啊！拆散吕布与袁术的联合，只是陈珪父子的第一步计划。陈珪想派陈登进京，就想借此机会当面向曹操陈述一切。说陈登想贪功，也许不错。不过他贪的不是说服吕布归顺朝廷的小功，而是铲除徐州割据势力的大功。虽然此次未能如愿，他依然没有放弃打算，耐心地等待着下一次机会。

　　不久，机会果然来临了。

　　吕布派遣使者入朝，作为执政官的曹操极为高兴，因为一大批珍稀贡品，两封措辞恭顺的文书，外加一个逆贼袁术的特使韩胤，表明吕布确有归服的诚意。即使诚意淡薄，这至少是当今割据群雄之中主动前来表示效忠朝廷的一例，具有很大的宣传价值。天子控制在我手中，朝廷就是我，我就是朝廷，所以效忠朝廷的表示，便是我曹操威德远扬的证明。单凭吕布此举为我的形象增添了光辉这一点，就该好好奖赏他。

　　最好的奖赏当然是升官。升什么官呢？从行政职务上看，吕布已经自称为"徐州刺史"，要升只能升他为"徐州牧"。但是曹操觉得这样不妥，因为州牧比起州刺史来，品级更高，实权更大，是真资格的一方诸侯。现时吕布究竟忠心到什么程度，自己心中无底，如果贸然任命吕布为州牧，便正式承认其割据徐州为合法，万一今后吕布又不服朝廷政令，岂不糟糕？何况他自来性格反复无常，完全有可能如此。不行，这徐州牧不能给！

行政职务不行，只能考虑军事职务了。曹操觉得这可以考虑，因为朝廷的军队都掌握在自己手中，远在徐州的吕布根本无法染指，所以不管给他晋升什么样的军事职务。哪怕是拔尖到顶的大司马、大将军，也还是虚衔一个，起不了多大的实质性作用。那么委他吕布一个什么军事职务呢？曹操想了一想，有了！此前那逆贼袁术，不是担任着左将军吗？现今朝廷已宣布悬赏捉拿他，空出来的左将军一职，正好赏给吕布嘛。这个职务比原来吕布担任的奋威将军明显更高，又带有表彰他揭发袁术罪行的特别含义，真是再恰当不过了。

于是，曹操上奏汉献帝，正式任命吕布为左将军。建安二年（197 年）五月前后，曹操挑选奉车都尉王则，担任朝廷的特使，带着委任诏书以及一批赏赐品，前往徐州主持封赏仪式。与委任诏书相配的，还有一颗系着紫色丝带的金印。

按照东汉的制度，皇帝以下的王侯官员，所持的印章有五种等级：皇室亲王用金玺，玺纽上系綟色（近似绿色）的丝带；皇室公爵，各类侯爵和顶级高官，用金印，印纽上系紫色丝带；九卿、郡太守、低级将军等，用银印，印纽上系青色丝带；尚书、大县的县令等，用铜印，印纽上系黑色丝带；小县的县长等，用铜印，印纽上系黄色丝带。印章的横截面，通常见方一寸，约合今 2.4 平方厘米。丝带系在印纽之上，是为了便于随身佩带，当时称之为"绶"。绶用细丝线编成，丝线的根数和长度都有不同的规格，显示出严格的等级差别来。

当时的将军官职，通常最高一等为大将军，以下依次为骠骑将军，车骑将军，卫将军，前后左右四将军，四征、四镇、四安、四平将军。所谓"四征"，即征东、征南、征西、征北四将军。"四镇""四安""四平"仿此。在"四平"之下，便是大量名称不定的"杂号将军"，吕布当初担任的奋威将军便是这一类了。

大体说来，"四平"以上，都属于高级将军，所以左将军应当用金印紫绶。为了吕布这颗金印和所配的紫绶，曹操真是费了不少的心神。首先，汉献帝自上一年九月迁都许县，至今还不到一年，诸事草创，以至于在朝廷的府库中，竟然找不出一块成色高而品质好的黄金，来为吕布铸刻官印。曹操马上从自己家中，挑选出一块优质黄金，交给工匠铸刻。金印制作好了，朝廷府库中又找不出哪怕只是一根紫色的绶带。曹操又慨然把自己金印上的那一条紫色绶带解下来，去给吕布的金印配上，以救燃眉之急。这一片殷殷心意，当然应当让吕布知晓，所以曹操又亲笔写了一封书信，叫王则面交吕布。信中特别提到为吕布尽心之事，说是"国家无好金，孤自取家好金，更相为作印；国家无紫绶，自取所带紫绶以藉心"。

曹操所写的这段话，被史籍引录下来传到今天。究竟是当时东汉朝廷的府库真的匮乏到了如此地步，还是曹操有意耍一点花招来笼络吕布，我们已经不得而知。然而有一点却是肯定的，即王则到达徐州之后，吕布的反应是大喜欲狂。

他一喜自己升官。如上所述，此前吕布的奋威将军，仅仅属于级别较低的杂号将军一类，而左将军却跃升到高级将军的行列了。想当初干爸爸董卓执政时，他也没有摊上过这等好事，你说他能不高兴吗？

他二喜曹操不计前嫌。当初自己端掉了曹操的老窝兖州，连曹操的手掌也在濮阳城被烧伤等不愉快的事儿，现今曹操全都抛开，诚心诚意与自己建立友好关系，从此自己有了强大而可靠的外援。吕布抚摸着那颗金光灿灿的官印。那条色彩鲜艳的紫色绶带，回味着曹操信中那些打动人心的话语，又是高兴又是感动，差一点掉下泪来。

不过，两三天的热劲消退之后，吕布心中又生出一丝不满足的感觉来。想我吕布，已经雄踞徐州将近一个整年，动辄以州刺史身份发布政令，各郡各县谁敢不服从？此番我派特使押送韩胤进京，两份文书都署的是"奋威将军、徐州刺史、温侯布"的官爵全衔。圣上和曹操都没有看见吗？为什么此番升官完全不提我的行政职务？这样一来，我怎样再向下属郡县发号施令呢？名不正则言不顺嘛！他左思右想，认定徐州行政长官的职务还得向朝廷索要。不仅伸手去要，而且要就要一个"徐州牧"，一次到位，反正已经开了口伸手了。

但是，派谁到朝廷去为我要官呢？这可不是一桩好差使，硬派一个不乐意去的人，肯定会把事情办砸了。谁又愿意主动出马呢？这时候，吕布突然想起了陈登，你父亲上次不是求我派你担任使者进京吗？上次是好差使，自然不能让你去。这次的差使不大好办，只得偏劳你走一趟了。办得好，我升官；办不好，你丢脸。你父亲求我派你去，你丢了脸也怪不得我呀。

当下吕布便把陈登请来府署，和蔼亲切地对他说道："上次令尊曾嘱咐我派您为使者入朝，因当时人选已经确定，未能遵命，甚为歉仄。现在我意欲遣使入朝谢恩，不知您能屈驾前往许都一行吗？"

这是陈登求之而未得的事，他当然不会推辞。等他明确表示同意并开始作上路的准备之后，吕布这才向他交待，此行还有一项我刚刚想到的任务，那就是向执政的曹操曹司空进言，请他禀告天子，任命我为徐州牧。

陈登是何等聪明的角色，他一听就暗自想到：好呀！吕布你这时才把真实意图说出来，不是在耍花招吗？此番我们倒要让你瞧瞧，究竟是你耍我还是我耍你！他立即慨然应承，表示一定要尽力说动曹司空，圆满完成任务，敬请将军静候佳音好了。

陈登一路晓行夜宿，来在许都。曹操早已听说过陈登其人的声名，知道他才兼文武，是徐州的地方实力派，所以亲自接见，对他十分热情尊重。正式在官府接见之后，曹操又在自己的私宅设宴，单独款待陈登。耳酣耳热之际，曹操亲切地向他询问徐州政局情况。经过当面观察，陈登认定曹操确实是一位非凡的政治人物，前途不可限量，值得为之效命，于是他便侃侃而谈，把心头的想法和盘托出。

首先，陈登以战略家的眼光，说明徐州对于曹操目前事业发展的重要性。徐州西接兖州、豫州，南邻扬州，堪称是军事要冲。曹操得到它，不仅可以保护自己的根据地兖、豫二州，使之无侧翼受攻之忧，而且立即对扬州的袁术形成夹击之势。反之，徐州如果倒向扬州，那么受到夹击的就不是袁术，而是曹操本人了。

徐州对曹操既然如此重要，接下来陈登便分析如何才能牢固控制徐州。他直截了当地指出：现今朝廷采取的优待吕布政策，解决不了牢固控制徐州的问题。因为吕布自恃勇猛无敌，没有长久的打算，加之生性贪婪，反复无常，很容易在重利引诱之下改变立场。再说了，朝廷也不可能满足他没有止境的贪欲，眼下他又向朝廷索要"徐州牧"的官职就是实证。满足不了他，他就要反叛，因此优待笼络的办法达不到目的，只有及早铲除吕布，才能一劳永逸地解决问题。

那么能不能及早铲除吕布呢？陈登认为没有什么大困难，因为吕布在徐州放纵部下抢掠民间，横征暴敛，早就引起当地士大夫与百姓的强烈不满，如果朝廷出动大军征伐吕布，必将受到当地力量的支持拥护，内外合力，何愁吕布不灭呢！

一席话说得曹孟德喜笑颜开，拍手赞扬道："吕布狼子野心，确实不能长久养着他，除了您再没有人对他琢磨得如此透彻了！"

当夜二人尽欢而散。两天后，曹操以朝廷的名义正式宣布：加增陈珪的俸禄一级，提升陈登为徐州广陵郡（治所在今江苏省扬州市西北）太守。至于吕布想要的徐州牧，他是永远得不到朝廷的任命文书了。

曹操任命陈登为广陵郡太守，是大举出兵消灭吕布之前的一着关键之棋。那广陵郡不仅地域宽广，而且位于徐州东南，把陈登安插在这里，南可抵挡袁术从扬州来增援吕布，北可阻止吕布兵败时逃往扬州，就好比关上了徐州的后门。正因为曹操对陈登寄予厚望，所以在送别陈登回徐州时，他拉着对方的手，语重心长地说道："东面徐州的事，我就托付给您了！此去一路珍重！"

陈登眼含热泪，说道："我当以死报效朝廷与曹公厚爱！"言毕转身上车，赶回徐州去了。

陈登回到下邳，向吕布报告了出使的情况。吕布登时大怒，唰的一声从武器架上拔出一柄手戟，砍在面前的几案上，厉声质问道："当初你的父亲陈珪劝我联合曹操，与袁术断绝婚姻关系，我依言而行。如今我的要求一无所获，而你们父子加的加厚禄，升的升高官，我吕布简直被你们出卖了！你今天要给我说明白，这究竟是怎么一回事？"

陈登早有心理准备，所以此时此刻，面不改色心不跳，慢慢开口解释道："将军息怒。我到达许都一见曹公，就对他说：'对待吕将军，犹如饲养猛虎，应当让它把肉吃饱，满足其要求，否则他将要吃人。'可是曹公始终不听我的进言，他说：'你的比喻不对！我以为对待吕将军，好比饲养雄鹰，应当让它经常饿着，它才能为我效力，否则就会远走高飞。'曹公坚持这么说，我又有何办法呢？"

吕布态度有所缓和，半信半疑地问道："曹公真的希望我长期为他效力，不愿我离开他吗？"

陈登极其肯定地回答说："确实如此。"

吕布直对着陈登的脸孔注视了好一会，才说："那你先回去歇息吧。"

陈登告辞走了，吕布独自想了许久。最后认为：曹操既然说离不开我，那么将来自有求我的时候；等他求我之时再向他要官，不怕他不给我，现今就暂时不和他计较了。吕布打定主意不和曹操翻脸，所以数日后陈登提说广陵郡的事时，他并未阻拦，痛痛快快放陈登上任当太守去了。

不过，吕布仍然留了一个心眼。当时，陈登的三个弟弟都和他寄居在下邳。吕布事先下达了一道指令：陈登只能独自前往广陵，他的三位老弟全部留在下邳城中，不得随从前往。与此同时，一支卫兵奉命进驻陈宅，表面上说是前来保护宅中人员的安全，实际上从这时起，陈登的三位老弟已经成为吕布手中的人质。吕布心想，你陈登只要敢在广陵轻举妄动，我就拿你的胞弟们开刀！

陈登却没有顾及这些。他一到广陵郡，便按照曹操的指示，在励精图治的同时，暗中招兵买马，发展武装力量。不久，他招降了一股长期骚扰沿海地区的海盗，势力大增。陈登的动静逐渐引起了吕布的注意，他正要准备查问个明白，不料一份十万火急的军情报告送到面前，使他不得不丢下陈登的问题来应付眼前的严重威胁。

什么样的威胁呢？原来，袁术派出的迎亲船队迟迟未归，他这个新登基不久的自封天子不免龙心焦躁，便下旨让人前去打探消息。当他知道吕布许婚又反悔，还把迎亲官韩胤押送到了许都，换回一颗左将军的金印之后，真是气得来七窍生烟！须知迎亲船队受损的事小，伤了新皇帝的尊严则不可容忍。袁术立即召集群臣，商议惩治逆贼吕布的办法。

当下便有那急于邀功的臣僚，献上了一条七路围攻下邳之计。他们说，吕布虽然骁勇善战，比起当初的西楚霸王项羽，那就差得远了。可是那"力拔山兮气盖世"的项羽，最终却在垓下（今安徽省灵璧县南）一战，被汉高祖刘邦打得落荒而逃，被迫自刎于乌江渡口（今安徽省和县东北）。那垓下在何处？就在吕布下邳城南二百里不到的地方。而今陛下新登基，就像那手提三尺剑扫平天下的汉高祖。所以这是上天给出启示：只要采用重兵围攻之法，吕布就将是项羽第二，被消灭在距离垓下不远的下邳城中！

极度迷信谶纬预言的袁皇帝听了，不禁龙心大悦，立即下达动员令，调集辖境之内几乎全部兵力，凑成三万多人马；任命大将张勋、桥蕤为指挥官。另外，又派人联络新近从西面流窜到徐、扬二州交界地的两支武装势力首领，一个叫作杨奉，另一个叫作韩暹，合力进攻吕布。三家总共出兵将近五万，分为七路，从东、南两方，向下邳发起围攻，顿时淮、泗之间，战云密布。这正是：

袁家皇帝龙颜怒，七路强兵要报仇。

要想知道吕布究竟如何应对眼前的局势，能不能抵挡得住袁术的七路大军，交战的胜负如何，请看下文分解。

第十七章
虎步淮南

面对强敌压境，身经百战的吕布怕倒不怕，只是有些担心，因为他的兵力不足。有的史籍说他当时"兵有三千，马四百匹"，这个数字明显偏低。吕布的人马实际上将近一万之数。不过，以一万敌五万仍然处于弱势，短时作战还勉强可以，长期相抗则很有可能吃大亏。

怎么办呢？吕布得知敌军日益逼近，不免焦急。他手下的智囊只有一个陈宫，而自从郝萌造反事件发生之后，他对陈宫就失去信任，遇到大事便自己拿主意。此番自己拿不出以弱敌强的主意来，他才痛感手下战将虽多而谋士太少了。

就在吕布焦急之际，陈登的父亲，也就是在沛国担任国相的陈珪，却来见他了。陈珪此前因私事回到下邳家中，恰好碰上袁术、吕布交兵，他觉得不论是于公于私，都应当帮助吕布。从公义而言，袁术是对抗朝廷的逆贼，吕布则是朝廷的命官，当然应该助正压邪。从私利而言，自己的家族就在下邳，作为劝说吕布与袁术断绝关系的出头人，袁术是把自己恨到极点了的。一旦下邳被包围攻克，自己必死无疑，家族也将被斩草除根，所以在当前的特殊情况下，救吕布就等于是救自己。还有一点就是，陈珪已经探知吕布注意到广陵方面的动静，如果自己为吕布出谋划策取得成功，便可消减吕布对长子陈登的嫌疑。由此可见，帮助吕布是一举三得之事，他岂能不干呢？

吕布见了陈珪，一落座便说道："如今下邳招致袁术大军的围攻，根源直接就在你的身上，你说该怎么办？"

陈珪捻须微笑，缓缓说道："将军不必过虑。此番袁术、杨奉、韩暹三方人马虽多，然而这只是临时联合的军队，更没有早就商定好的战略，彼此的关系必然难以长久维持。日前接到犬子陈登从广陵郡送来的快信，他把这三人比作并排站在同一树枝上的鸡，绝对不可能长期共处，可以用计将其分开，事情就好办了。"

有意提出陈登关心下邳的局势，并且主动为吕布进计献策，这是陈珪的护子之法。果然吕布一听就兴奋地问道："那元龙有何分离三敌之计呢？"

陈珪回答道："他请将军派出得力的心腹之人，秘密去见杨奉、韩暹，劝他们与将军合力反攻袁术，只消许诺击败袁术之后，袁军的粮食、物资、兵器、家眷等，全部都归他们所有，他们必然会转而支持将军。如此则必可大破袁军了。"

陈珪言犹未毕，吕布先已拍起掌来，笑着赞道："元龙智计，果然出类拔萃！不过救人救到底，现在就劳烦老前辈为我写一封书信给杨奉、韩暹二人，如何？"

陈珪心想：刚才你还"你"呀"你"地称呼我，现在又改口叫我"老前辈"了，变得倒是很快。他并不与吕布计较，提笔立就。吕布盖印加封之后，随即派心腹干员带往敌营。

此时，袁术的大将张勋、桥蕤，会同杨奉、韩暹，已经到达下邳城的近郊安营扎寨；并且相互约定，略作休整后，一齐向下邳城发起强攻。杨、韩二人正在部署任务，忽然军营管事官员悄悄带进一个人来。听了管事官的附耳低语，杨、韩二人立即屏退众人，与不速之客单独密谈。来者先说明自己的身份。然后割破衣襟，从中取出吕布的信件，双手奉上。

二人展开一看，只见上面写道：

> 二将军拔大驾来东，有元功于国，当书勋竹帛，万世不朽。今袁术造逆，当共诛讨，奈何与贼臣还共伐布？布有杀董卓之功，与二将军俱为功臣，可因今共击破术，建功于天下，此时不可失也。

意思是说，两位将军从长安护送天子的大驾回到东面的旧都洛阳，对国家建立了第一等的大功，应当把两位的功勋书写在青史之上，从而万世不朽。现今袁术造反作逆，我们应当共同诛杀讨伐他，为何两位竟然与袁术一起来进攻我吕布呢！我吕布立下了诛杀董卓的功劳，与两位将军同样是朝廷的功臣，现今可以共同打败袁术，建立新的功勋于天下，这一时机千万不能丧失啊！

待二人看完，来使立即又补充道："我们吕将军说，击破袁军之日，其营中所有的战利品，均归二将军所有，他丝毫不取，以报答二将军之高义。"

杨、韩二将是何许人也，在此须得略作交代。

杨奉本是董卓的部下，归李傕指挥。李傕带兵攻入长安，杀死王允，控制朝政，杨奉举兵反抗李傕，自立门户。韩暹当时是黑山农民军首领之一，受朝廷招安，活动在河东郡（治所在今山西省夏县西北）一带。杨奉联合韩暹，把汉献帝从长安救出来，并护送其回转洛阳，吕布信中所说的"二将军拔驾来东"，指的就是此事。不久，曹操又领兵杀到洛阳，把汉献帝抢到手迁往许县，杨、韩二人被赶走，只好率领部下流浪到东面徐、扬二州的交界地。他们没有固定的地盘，粮食物资极其匮乏，看到相邻的袁军粮草兵器充足，轻重车辆数以千计络绎不绝，心中就羡慕无比。现今吕布提出如此诱人的优厚条件，正好投合了他们的欲望。二人眼睛一亮，立即盯住来使的脸追问道："吕将军此话当真？"

来使斩钉截铁地回答道："绝无戏言！二位将军如若不信，可以把我留下来作人质！如何？"

杨、韩二人正想说的就是这话，于是接口说："那就要委屈您了。"当下二人便复信一封，同意与吕布联合，反攻袁军，并将具体行动计划拟就，派自己的亲信随从送入下邳城中。

第三天清晨，还蒙在鼓里的张勋、桥蕤，如约点起手下兵马，担负主攻任务，杀向下邳的南门；而杨奉、韩暹的一万多人，则紧靠袁军的右侧前进，按照事先的分工，他们将进攻下邳的东门，以分散城中守军的兵力。只见泗水北岸的原野上，旌旗飘舞，兵器闪光，再加上马嘶声，战鼓声，确实动人心魄！

就在联军距城池还有不足两里路时，忽然下邳城楼鼓角齐鸣，响彻云霄，同时南城门大开，大队人马箭上弦，刀出鞘，浩浩荡荡出城迎战来敌。为首十多员将领，簇拥着一位全身披挂骑一匹红色骏马的主帅，他手提钢矛，背插雕弓，英姿勃勃，杀气腾腾。张勳、桥蕤在马上望见，知是飞将吕布来到，连忙传令下去：全军暂停前进！

二将为何要中途止步呢？这倒不完全是畏惧吕布，而是觉得事情有些奇怪。按照他们事前的估计，吕布的人马在数量上居于绝对劣势，必将会凭借坚城深堑，在城中固守。如今吕布反倒带领数千人马主动冲出城来，这会不会有什么花招呢？他们决定先停下来看看再说。

观察了一阵，张、桥二将没有发现什么特别状况。此时，那吕布已挥兵推进到不足一里的距离之内，并且再度敲起战鼓，开始发起冲锋。张、桥二将欺他人少，随即传令全军压上，迎击来敌。说时迟，那时快，就在两军即将接触之际，位于袁军右翼的杨奉、韩暹，突然把手中的令旗往左面一指，部下的一万多人马，横着就朝袁军的侧背杀去。袁军猝不及防，登时死伤了一大片，阵形转眼乱成一团。

张勋、桥蕤发觉后面的动静不对，向右转头一看，不禁惊得叫出声来。二人整顿队伍的命令还未发出，前面的吕布又挥兵杀到。吕布拍马使矛，带领并州铁骑在袁军的乱阵中左冲右突，如入无人之境。张、桥二人见势不妙，率领卫队转身就溜之乎也，袁军兵败如山倒，纷纷丢下武器，脱掉铠甲，往南夺路奔逃。

吕布与杨奉、韩暹合兵一处，继续向南追击，一直压到泗水的北岸边，袁军死伤不计其数，尸体摆满了原野，鲜血染红了河流。这一场恶战，袁军有十员统兵官阵亡，士兵损失在两万人以上，以吕布一方大获全胜而告终。

吕布信守诺言，把袁军丢下的一切都分给了杨奉、韩暹。二人得到堆积如山的粮食、财物、兵器，部下士气大增。吕布也收兵回城，摆设酒宴犒赏将士。狂欢三日之后，吕布又约同杨、韩二将，乘胜南下，直捣袁术的老巢寿春。二将已经饱尝甜头，立即欣然同意，于是三人合兵南下，杀往淮南。

大约十天，联军渡过淮河，进入袁术的根据地九江郡，在钟离县（今安徽省凤阳县东）境内安营扎寨。这钟离县物产丰富，人口众多，联军一到，便在县内抢财物，抓壮丁，掳掠妇女，倒把那直捣寿春的原定目标抛到一边了。

等到抢够了，抓够了，掳掠够了，军队也就丧失了斗志。吕布看着那堆积如山的财物，数以千计的俘虏，知道包袱太重，这个仗是无法再打下去的，再者他又得到侦察兵的报告，说是袁术已经亲自带领看家的五千精兵，从寿春城北上，要来拼命，于是他与杨奉、韩暹磋商决定，立即撤军退回徐州。

钟离县城北的淮水渡口，立时热闹起来。几十只渡船来往穿梭，把人员、马匹、物资、粮食、车辆、兵器等，一批又一批地运往北岸。第二天，吕布带领骑兵卫队，最后一批上船。船工正要解缆摇橹离岸之际，却突然被吕布止住。原来，望着那滚滚东去的浩渺烟波，他不禁胸中豪情激荡，竟想留下一封书信来嘲笑袁术的无能。他立即叫来随从的文书，就在那秋江之上，口述了一封写给袁术的书信，此信记载于史册之中，其文曰：

> 足下恃军强盛，常言："猛将武士，欲相吞灭，每抑止之耳。"布虽无勇，虎步淮南，一时之间，足下鼠窜寿春，无出头者。猛将武士，为悉何在？足下喜为大言以诬天下，天下之人安可尽诬？古者兵交，使在其间。造策者非布先唱也，相去不远，可复相闻。

　　大意是说，你袁术仗恃军队强盛，经常说："我的猛勇将士，很想吞灭吕布，我每次都制止了他们。"我吕布虽然没有勇气，却像老虎一样杀向你的淮南，一时之间，你只有抱头鼠窜逃回寿春的份，没有人为你出头抵抗。哎呀，你的猛勇将士，究竟都在哪里啊？你袁术喜欢说大话来欺骗天下，天下之人难道全都能够受欺骗吗？古时候双方交兵，会有使者在中间传达信息。此番我们交兵，并非是我吕布开的头，我们距离不远，你有话可以派使者带过来吧。

　　文书笔录完毕，念给吕布听了一遍，吕布很满意，觉得把袁术嘲讽挖苦够了，足以便对方羞死。他命文书把信封好，用小石头端端正正压在渡口的大路旁，这才乘舟北去。

　　吕布一行登上北岸，命人把渡船全部凿沉。正忙碌间，忽然南岸旌旗飞卷，传来阵阵鼓角之声，吕布定睛一看，知道是袁术的兵马赶到了。

　　袁皇帝在侍从的簇拥下刚来到渡口，前锋部队的指挥官便把拾到的吕布信件呈送上来。他不看则已，一看之后气得脸色发白，胡须直抖，立即命令手下寻找渡船，他要立刻杀过河去生擒活捉吕布。就在南岸袁军四处找船只的时候，北岸的吕军已经凿沉所有船只，准备上马启程了。钟离渡口一带的淮水河面并不太宽，所以对岸人马的动静历历在目，高声喧哗亦清晰可闻。高坐在赤兔马上的吕布，在临行前还要把袁术羞辱一番。他估计对方已经看到自己留在渡口路旁的"杰作"，便以其中的句子编成口号，命令几百骑兵对着南岸齐声喊道："袁术强盛，喜为大言；我军无勇，虎步淮南！"每喊一遍，接着便哈哈大笑一阵，如是重复多次，那喊声与笑声便不断传向南岸。

立马南岸的袁术，最初还没有听清楚对岸的人在喊叫什么，待到他听清楚之后，顿时气得差一点跌下马来。此时，兵士们好不容易找来几条破船，袁术急令前锋渡河去抓吕布。等到一百多名敢死队员艰艰难难渡到北岸时，吕布的骑兵早已消失在天边了。

这一幅真实存在的历史场景，读者诸君是否觉得有一点熟悉呢？不错，这一场景后来被《三国演义》接收了过去，又移花接木，虚构到了诸葛亮的身上，成为"孔明二气周公瑾"这一回当中，孔明兵将高叫"周郎妙计安天下，赔了夫人又折兵"公开羞辱周瑜的情节。情节虽然生动，可惜追根溯源，应当是从吕布羞辱袁术的历史场景模仿而来。可见天下之事，广为流传的，不一定就是真实的，能否拨开云雾看到真相，就要看你是否有一双慧眼了。

袁术不敢拿自己最后那一点本钱去徐州决一死战，只好垂头丧气从钟离撤回寿春。不久他又受到曹操的强大打击，从此一蹶不振，此是后话。

这边的吕布凯旋，声威大振。他一回到下邳，便开始借大胜之势，着手解决一个早已记挂在心中的问题，什么问题呢？

当时的徐州，下辖五个郡国，即下邳国、广陵郡、东海郡、彭城国、琅邪国。前四个郡国大体都控制在吕布的手中，至少他自己是这么认为的，唯有那最北面的琅邪国，一直不接受吕布的号令，使吕布很是光火。五分缺一，他这徐州行政长官的威信何在？

那琅邪国的国相姓萧名建，乃东海郡（治所在今山东省郯城县西北）人氏。他聚兵于琅邪国中部的莒县（今山东省莒县），吕布早就想出兵去收拾他，怎奈南面的袁术和西面的刘备，一直对下邳虎视眈眈，所以他迟迟不敢北上动手。现在好了，南面的威胁解除了，西面的刘备势单力薄，兴不起什么大风大浪，吕布便要趁势解决这块心病。他一面动员军队，准备施用武的一手，同时又给萧建写去一封劝降的书信，算是先用文的一手恫吓恫吓，万一又真把对方震慑住了，不烦刀兵便解决问题，岂不更好？吕布这个赳赳武夫，大概从最近陈珪一封简短书信就离间了五万雄兵的事情上，认识到了文字的威力，所以对写信的兴趣大增，始而讥嘲袁术，继而恫吓萧建，但不知此番的效果将会如何？

不出三日，吕布派出的急使已将专函送到莒县。萧建将其展开，细细阅读。信中的第一段，吕布说明自己之所以来到徐州，本意是想招募兵马去长安解救天子，并非要来争抢地盘，割据自雄，他写道：

> 天下举兵，本以诛董卓耳。布杀卓，来诣关
> 东，欲求兵西迎大驾，光复洛京。诸将自还相攻，
> 莫肯念国。布，五原人也，去徐州五千余里，乃
> 在天西北角，今不来共争天东南之地。

既然我不想在徐州争抢地盘，割据自雄，你萧建又为何不与我吕布来往呢？你好像真以为，占有一个郡就可以称帝，据有一个县就能够称王么！所以又有第二段：

> 莒与下邳相去不远，宜当共通。君如自遂以
> 为郡郡作帝，县县自王也！

如果你再不听我州政府的号令，我就要出动大军消灭你！

不过吕布并未说得如此直白，而是引用了一个与莒县有关的古代典故，即战国时期燕国军队的名将乐毅，一鼓作气攻克了齐国的七十多座城池，来向萧建含蓄地发出恫吓，实际上是说自己也有乐毅那样杰出的用兵本领，这便有了第三段：

> 昔乐毅攻齐，呼吸下齐七十余城，唯莒、即墨二城不下，所以然者，中有田单故也。布虽非乐毅，君亦非田单，可取布书与智者详议之。

这封信写得虽然含蓄，然而在萧建看来，却无异于一封杀气腾腾的最后通牒。在此之前，他正是看到吕布的周边多事，无暇北顾，所以才敢不听其指挥。现今形势大变，吕布随时都可能从五百里外的下邳杀到。他想，我的军事才能，根本比不上战国时期会用火牛阵破敌的莒城守将田单，而现今的吕布并州铁骑，却比乐毅的齐国军队还要骁悍，与其莒县全城玉石俱焚，还不如承认吕布的领导权地位算了，反正头顶上总得有上司，谁当上司不一样，何必非得不要姓吕的呢！

　　萧建计议既定，立即派遣府署中的主办官员，带上自己的致敬信函和一批地方特产，外加若干匹良种骏马，前往下邪拜见吕布。吕布大为高兴，觉得自己真是威震四方，竟然不费一兵一卒之力就拿下琅邪国的十三县之地，昔日的乐毅怎能与我相比呢？高兴之余。他又派出使者，前往莒县勉励奖赏萧建不提。

至此，吕布终于全据徐州，称雄淮泗，达到他逃出长安以来，政治和军事生涯的鼎盛阶段，此时是建安二年（197年）。这正是：

全据徐州施号令，生涯此刻到高峰。

要想知道吕布到达事业鼎盛阶段之后，能不能长久保持，有没有起伏变化，请看下文分解。

第十八章

鏖兵小沛

　　动用刀兵打败南面的袁术，撰写书信收降北面的萧建之后，吕布的注意力开始转向西面的小沛，准备收拾钉在那里的刘备刘玄德。

　　他觉得近来刘备这大耳朵家伙依仗曹操的势力，表现得相当猖狂，竟然做出了两件令人实在忍无可忍的事来。

　　第一件事和杨奉直接有关。那杨奉、韩暹随吕布一起回返淮北，没过多久便把从袁术那里缴获的粮食物资耗费得所剩无几。胡吃海喝的日子到了头，将士们便开始骚动起来。

杨、韩二人向吕布请求接济，吕布心想：袁术大军逃走后留下的战利品，全都归了你们，至今我的部下都还对此不满，怎么能再从我的仓库中匀出口粮来给你们吃呢？于是，他立即断然回绝。杨、韩二人无奈，就仿照当初吕布在袁术、袁绍地盘之上作客时的行径，带着兵马抢掠民间，弄得徐州、扬州的交界地区鸡飞狗跳，人心惶惶。虽然这一手是向吕布学来的，但是别人用在自己的身上，吕布便忍受不住，立即动用武力加以制止。杨奉、韩暹见徐州非久留之地，只好提出要求，请吕布放开一条通路，让他们由此前往荆州（治所在今湖北省襄阳市）。

此刻的吕布，已经起心吞并这两人的军队以壮大自己，所以又断然拒绝放开通路。杨奉、韩暹大怒，便派人前往小沛与刘备联络，约他共同进攻下邳，推翻吕布。那刘备乐得从中渔利，立即邀杨、韩二人，率部前往小沛，说是将为贵军提供充足的粮草供应。二人喜孜孜地奔往小沛，杨奉率部入城，在酒宴上当场被捕杀。韩暹闻讯连忙南逃，刚跑到相邻的杼秋县（今安徽省砀山县东南）境内，即被当地官军杀死。至此，吕布一心想吞并的杨、韩二军，大部分人马都成了刘备的囊中之物，你说吕布对刘备气也不气？

紧接着又发生了第二件气人之事。吕布垂涎杨、韩二军，不仅是想要人，而且更想得到那近千匹良种战马。近来吕布军中的战马，因伤亡及老病而逐渐减少。东临沧海的徐州又不产骏马，所以他很想获得杨、韩二军的马匹，以免并州铁骑名存而实亡。现在这些马匹已经落入刘备之手。他只好另想办法，派出专人前往河内郡去买马。

这是建安三年（198年）的春天，吕布的一批心腹干员，携带大量采购马匹的黄金，西行前往河内郡。不料行至中途，耳朵奇大的刘备却听到消息，立即派出一支轻骑兵前去截道，把黄金抢得干干净净。幸存人员狼狈逃回下邳，吕布不禁怒发冲冠，两件事情加在一起，他不能不给刘备一点颜色瞧瞧了。

不过，吕布毕竟久经沙场，深知两面作战乃兵家之大忌，因此在动手之前，他派了一个使团前往淮南，要和袁术舍弃前嫌修结新好。使团带了一大批礼物南下，在当初吕布隔河嘲笑袁术的钟离县渡口进入淮南。

此时山河依旧，世事却已全非。这时的袁术，因受曹操的沉重打击，元气大损。他一直是担心着吕布乘机再杀过淮水，却不料吕布却先恭恭敬敬又写信又送礼前来求和，自然高高兴兴答应下来。于是乎，一对生死冤家，又重新变成朋友。

　　使者兴冲冲地回转下邳复命，向吕布报告了一切，并且特别提到，临行之际袁术曾表示，愿意和吕布重修秦晋之好，也就是结成儿女亲家。使者不说倒好，一提联姻之事吕布就犯了疑，因为据他的经验，话说得越好听的人，越要小心防范才是。他自己对别人大体也是如此，当初他情意殷殷把迎亲官韩胤送上了船，不久便要了他的命。吕布心想，莫非袁术在耍什么花招？当然，西面的刘备还是要收拾，不过为了保险起见，他决定派两员顶尖的部将，率领主力军团前去进攻小沛，而自己则在下邳看守大本营。

　　第一员领兵官，便是前面提到的高顺。高顺是吕布手下最为忠诚勇敢的得力干将，可是因为忠诚，就免不了要进直言，而进直言便要招主子的讨厌。吕布不信任他，然而一有艰巨的任务却又首先想起他，忠诚能干者的境遇，往往如高顺这样可悲。不过高顺倒是胸襟开阔，毫无怨言便接受了任务。

　　吕布挑选的第二位领兵官是张辽。这张辽，字文远，乃并州雁门郡马邑县（今山西省朔州市）人氏。此人也是一位智勇双全的将才，刚好是三十岁的“而立之年”。他后来归顺曹操，成为曹军之中异姓五虎上将之首，曾在合肥（今安徽省合肥市）逍遥津之战中，以八百壮士击退十万吴军，威震敌国。但是，他在吕布手下却少有充分表现自己才能的机会，此番进攻小沛是难逢难遇的一次。所以一接受任务，他便暗下决心要与高顺好好合作，打两个漂亮仗。而刘备碰上了这两员骁将，就有可能要倒霉了。

话说建安三年（198年）的春夏之交，艳阳高照，泗水澄碧。高、张二将点起一万精兵，顺着泗水逆流而上，四天中急行军近三百里，杀到小沛城下。二将一到，便按照既定计划对小沛城发起猛烈的围攻。

上文已经提到，在前年吕布射戟营门之后不久，就翻脸挥兵进攻小沛，把正在发展势力的刘备打得狼狈而逃。那一次攻城得手，吕布即全靠高、张二将。他此番决定由高、张二将出任领兵官，也是因为他们熟悉小沛的城防情况。所以二将在进军的途中，即已商定好了攻城的战略。

他们的战略，简言之便是"围城断水"四个字。

原来，这小沛城池位于泡水汇入泗水的交点，泡水绕其南，泗水经其东，两条河距离城墙都不过一箭之遥。由于水源近便，所以城内的几千户人家，以及官府和驻军，都要出城汲水，以作生活之用。高顺和张辽决心凭借优势兵力，四面围城，不让一点一滴清水进入城内。即便是城内临渴掘井，势不能维持数千民户和三四千官兵之需，只消数月，城池不攻亦将自破了。

表面上看，高，张二将这一招似乎太愚笨，其实却极其厉害。自从刘备在曹操的支持下重返小沛以来，一年多的时间里他并未放松备战的工作，他备了人，备了粮，备了军器物资，就是忽略了五行之一的水。结果，高、张二将在春末夏初开始实施围城断水的战略行动，到了六月间，城内便因用水紧缺而出现骚乱，有的士兵甚至偷偷杀死战马来饮血止渴。刘备见势危急，只好以重金悬赏，招募敢死勇士冲出包围圈去向曹操求救。

此时的曹操，正带领大军在荆州北面的南阳郡（治所在今河南省南阳市）一带，与当地的割据势力作战，尚无暇东顾。但他明白：这小沛是保护自己后方根据地的东部军事要津，战略价值不小。所以得知小沛危急的消息后，他立刻调派军中第一员大将夏侯惇，率军三千驰援刘备。

高顺、张辽发觉刘备派人突围，就知道定是到曹操那里去搬救兵，于是一面加紧攻城，一面作好阻击援军的准备。他们在小沛西边的援军必经之路，选择地形险要而林木幽深之处，设下埋伏，集中了上千张强弓硬弩。结果夏侯惇的人马一进入伏击圈，就被骤雨一般密集的飞箭射倒一大片。高顺乘势挥兵出击，名将夏侯惇也只好拨马败逃。夏侯惇在濮阳之战中了吕布的埋伏，尝够乱箭的厉害，所以抽身极快，以免另一只眼睛又报废了。他这一败逃，刘备的求援希望便完全破灭。

到了这年的九月底，刘备终于支持不住，便打开小沛城的西门，率领部众溃围而出。高、张二将立即集中兵力实施阻击，刘备的三千人马很快被冲得七零八落。刘备迫不得已，只好抛下运载妻妾儿女的车队，带着关羽、张飞、赵云、麋竺等少数将官，夺路向西策马奔逃。一直狂奔出几十里地，此时夜幕降临，刘备一行才得以甩掉追兵，脱离险境。这一战刘备大败亏输，人马几乎全部被歼灭不说，妻妾儿女迖再一次成为吕布的俘虏。

在刘备的创业生涯中，单是妻妾儿女被敌方俘虏的惨痛败仗就有四次之多，而前两次便是落入吕布之手。当高、张二将带领兵马凯旋，把刘备的家属献上之时，吕布真是得意之极，他看着眼前这些面孔熟悉的女人、孩子，哈哈大笑道，"刘玄德呀刘玄德，你怎么偏偏喜欢抛妻弃子啊！"

但是，他未免高兴得早了一点。

就在吕布得意洋洋忙着犒赏三军的时候，一场关系到他生死存亡的会议正在许都举行。主持会议者是刚从南阳郡班师回朝不久的曹操，与会者是他的谋臣和战将，讨论的问题只有一个，即是否立即出动朝廷大军消灭吕布。

会议上争论激烈，大家对消灭吕布认识一致，关键是该不该在当前采取行动。大多数人认为：西南面的荆州，有刘表、张绣两大割据势力与朝廷对抗，如果现今集中兵力对付东边的吕布，许都空虚，万一刘表、张绣乘机偷袭许都，岂不危乎殆哉？但是有一个人却不同意这种看法，此人便是曹操手下的杰出谋士荀攸。

荀攸，字公达，乃豫州颍川郡颍阴县（今河南省许昌市）人氏。上文提到过的荀彧，便是他的族父。这荀攸外表看起来带一副愚笨模样，内心却智谋多端，尤其擅长于在关键性时刻准确判断战略形势，他一生曾为曹操进献十二条奇策，为曹操统一北方立下运筹帷幄之功。他当场反驳众人的意见说："刘表、张绣二人，新近被我军击溃，在短时间内还不敢轻举妄动，正好趁此时机歼灭吕布，光复徐州。吕布骁勇，又与袁术联合，如果任其在淮、泗之间发展势力，滨海地区的地方武装首领必将群起响应，届时要想迅速解决徐州的问题就很困难了。现今吕布刚刚叛变朝廷，滨海地区的地方武装首领尚在动摇观望之中，吕布势单力薄，集中兵力猛然一击，必定可以成功！"

在关键时刻能够从众多的建议中，迅速判断出最为正确的一种，并且及时付诸实施，这是曹操最为突出的优点之一。他立即对荀攸的意见表示赞同，说道："好得很！"

这"好得很"三字一出，便为本书的主人公吕布敲响了丧钟。

兵贵神速。当下曹操便亲自带领大军五万，浩浩荡荡杀往徐州。十月间，曹军行至豫州的梁国（治所在今河南省商丘市南）境内，正好碰见狼狈西逃的刘备一行。刘备看到有人现在要去狠狠收拾吕布，不禁喜出望外，他日盼夜盼不是盼的这一天么！于是，他立即带领部下拨转马头，跟随曹操前往徐州，去看吕布的下场如何。

这时，吕布派出的斥候（即后世所称的侦察兵），探知曹操亲提大军东进的消息，飞马驰回下邳去向吕布报告。吕布感到事态严重，立即召集文武部属，商讨对付曹操的战略。

与会者大约都意识到此番不仅是一场恶战，而且还关系到徐州吕氏政权的生死存亡，所以大多持谨慎的态度，不愿先发表意见。陈宫在席上看得心里着急，心想大敌当前，怎么都顾虑重重，怕承担责任？他也不管吕布对自己已经怀有成见，率先说道："许县距此将近千里之遥，曹军远道跋涉，多带辎重，必定疲劳不堪。因此应当部署奇兵，在下邳以西的彭城国（治所在今江苏省徐州市）境内，迎头伏击来犯之敌，既能以逸待劳，又可出其不意，必定可以大破敌军！"

平心而论，陈宫这条计策是当时最有可能使吕布转危为安的一手好棋。但是很可惜，吕布却没有采纳。

吕布是身经百战的沙场老将，难道他还没有起码的判断力吗？当然不是。那么为何他又弃良策而不用呢？首先，自从郝萌造反一事发生之后，他就对牵涉其中的陈宫心存戒心。你陈宫的主意表面上听起来不错，但是暗中有没有其他的企图呢？其次，吕布心想：真要采用陈宫之策，那么由谁领兵去实施伏击行动，就是一个难以抉择的问题。自己亲自出马么，万一有人在下邳反水怎样办？派遣下属前去么，下属中能完成任务者只有高顺和张辽。可是高、张二将在攻破小沛之后威信大大增高，如果再把曹操的几万大军打得落花流水，那我吕布还坐得稳主帅的位置吗？

于是，吕布提出了自己的主张，说道："自古以来兵家一致认为，攻城者要比守城者多花一倍的力气。而下邳城池坚固，面临泗水，所以据我看来，不如放敌人来到城下，待其进攻疲乏之时，打开城门以铁骑冲击，即可将敌军全部逼到泗水之中去淹死！"

听了吕布的坐待敌攻之策，众人知道他是针对陈宫主动伏击的主张而发，也就更加不愿发言。陈宫本人，自然也不好再说。一场涉及自身生死存亡的战略讨论，便在冷冷清清的气氛中结束，与曹操在许都会议上的热烈讨论相比，在气势上恰好形成鲜明的对照。如果说许都的会议上，是曹操为吕布敲响了丧钟，那么下邳的战略讨论，便是吕布自己给自己套上绞索了。

这边的吕布在坐等，那边的曹操却在急进。十月下旬，曹军突入徐州西境，攻克彭城国的首府彭城县（今江苏省徐州市），生擒了吕布所委任的彭城国相侯谐。这彭城县位于下邳城以西不到二百里处的泗水南岸，是徐州的西部军事重镇。此城一失，下邳的西面便呈门户洞开之势，曹军水陆并进，沿着泗水直扑下邳而来。

两天之后，曹操率军进入下邳国的地界，距下邳城还有三四十里路左右。他正要吩咐全军暂时安营扎寨，待摸清下邳城周围的情况再向前推进，不料东南面黄尘滚滚，旌旗飘飘，一支几千人的军队急驰而来。曹操急令前锋作好迎战准备，及至那支军队走到近处，他才看清那不是吕布的兵马，而是广陵郡太守陈登的援军。

陈登自从到了广陵郡，便一手抓发展生产，一手抓扩充军队，盼着进攻消灭吕布的这一天。曹军在攻占彭城之前经过沛国时，他那担任沛国国相的老父陈珪，即派快马前往广陵郡向他通报了情况，他立即调集全郡的精兵，赶到下邳城西边来迎接曹操。

曹操当然是高兴万分。他与陈登握手寒暄之后，便问起吕布方面的情况，因为他对此次大军进入徐州以来，一路上都未曾遇到徐州主力军团阻击的现象感到相当奇怪。陈登早已从内线得知吕布那次召开战略讨论的详细情况，立即向曹操介绍吕布如何拒绝陈宫之策而决定坐守下邳。听到此处曹操不禁说道："如依陈宫之计，吕布尚可偷生一时；现今坐守孤城，那他的末日就到了！"

敌情既明，曹操马上打消了在此安营扎寨的念头，命令陈登率领部下人马充当前锋，自己指挥五万主力军团随后，径直向下邳城池推进，意欲对其实施铁壁合围。吕布也不甘示弱，亲自带着骑兵出城冲击。这正是：

生死冤家开杀戒，清清泗水血流红。

要想知道此番吕布与死敌曹操在下邳城下的命运对决，究竟鹿死谁手，请看下文分解。

第十九章

陷入重围

　　话说曹军从西面逼近下邳，吕布按照既定的战略，待对方进入泗水以东、下邳以西的空旷地带时，亲率数千铁甲骑兵，齐头并进，企图以强大的冲击力压迫敌阵，迫使对方跳入泗水之中逃命。时值寒冬，朔风阵阵，身着铠甲的士兵一旦落水，不淹死也得冻死。但是，吕布的如意算盘打错了，第一场激战下来，他非但没有能把对方冲垮，自己反倒损了兵又折了将，用了多年的常胜战法竟然不灵了。这是怎么一回事呢？

原来，曹操从陈登那里获知吕布的策略之后，立即针对敌骑的压迫性冲击，作出了相应的战术部署。他从后面的运输大队中抽调出近千辆大车，放到全军的前头。车辆首尾连接，排成两路纵队，作为左右两侧的坚固屏障，以保护在中间行进的部队。车厢之中多载强弓利箭，一旦遇到敌军骑兵冲来，步兵便凭借车辆构成的防线，对准敌军的马匹齐射。敌骑逾越不过防线，反而成为众矢之的，前面的马匹一旦倒下，又给后面的骑兵造成阻碍，阵形自然就乱了。到了这时，曹军的骑兵便鼓角齐鸣，开始发起反冲锋，吕布的铁骑兵再也招架不住，当然只有逃跑一条路可走了。这一招战法，可以叫作"车厢阵"。

吕布输了第一仗，很不服气，又按老办法连续冲击了两次，结果是三战皆输，损失了上千精锐骑兵不算，连骑兵队的顶尖骁将成廉，也被曹军生擒活捉了去。

看家本事失了效，吕布的信心大为动摇，一贯骄悍非凡的骑兵战队也充满了悲观的气氛，不愿再战。吕布不再说把敌军赶到泗水中去之类的大话，收兵回城后当缩头乌龟，避而不出了。

这边的曹操立即向前进逼，把下邳城池团团包围，又绕城挖掘了一条又深又宽的堑壕，准备困死飞将，来一个瓮中捉鳖。

吕布在城楼上看到敌军开始挖掘堑壕，便知道曹操此番是铁了心要自己的性命，连忙挑选了两名能言善辩的下属，趁敌军堑壕尚未挖好时潜出城去，向淮南的袁术求救。

吕布的两名使者，一人叫许汜，另一叫王楷，两人当初曾随从陈宫迎接吕布入主兖州。他们倒也不辱使命，竟然安全穿过敌军的警戒线，又长途跋涉抵达寿春，见到袁术，哀声求救。曾经备受吕布羞辱的袁术，此时此刻高坐在他的皇宫宝殿之上，拿腔拿调地说道："当初你家吕布许婚之后又悔婚，活该得到败亡的下场嘛，现在又何必来此向我求救啊？"

许汜、王楷也瞅个得袁术语含讥刺，义恳切地说道："圣上而今如果不救吕将军，他当然会得到败亡的下场。不过，圣上与曹操乃是宿敌，一旦曹操消灭吕布攻克徐州，圣上的淮南恐怕也就保不住了！"

袁术心有所动，觉得至少在对抗曹操这一点上，自己与吕布确实有唇亡齿寒的关系。但是，他自从被吕布、曹操相继击败之后，就只剩下不到一万人马的本钱，他要用来保护自己，不能用来拯救他人。于是，他传下"圣旨"，命令淮南全体将士作好出发准备，随时启程北上增援徐州。动员命令下达，许汜、王楷着实高兴了一阵，认为这一来徐州有救了。

但是，接下来袁术的军队却一直没有行动的迹象。二人终于明白：袁术的援救，不过是听得见而看不到的"声援"而已。使命没有完成，二人只好滞留淮南，不敢再回徐州。

这边的吕布迟迟盼不到淮南的救兵，还以为许汜、王楷二人中途被曹军捉了去，只好再派使者前往淮南。这时，城外敌军的堑壕已经全部挖成，封锁极其严密，出城几乎就等于送死，所以平常对吕布大拍马屁的那些"忠诚"幕僚，突然都把往日的豪言壮语忘得干干净净，纷纷推诿不去。最后吕布发了狠，硬性指定了一人，并且断然宣布：如果违令不去，立即丢监治罪，家产充公！

被挑中的这个倒霉鬼，姓秦，名宜禄，乃并州云中郡云中县（今内蒙古自治区托克托县东北）人氏。吕布之所以挑中他，表面上的原因是他能言善辩，有应对之才，还是自己的并州老乡，暗中却藏有一个见不得人的企图。原来吕布生性好色，文武部属的妻妾中若有貌美动人者，他总要想尽办法去一亲芳泽，到后来文武部属都不肯为他拼死效力，这是一个重要的因素。而秦宜禄之妻杜氏，便是一个绝色佳丽，远近闻名。吕布对杜氏垂涎已久，所以此番他偏偏挑选秦宜禄去出使淮南，你不去便是死，去也多半是死，那么杜氏不是可以归我吕布所有了吗？这真应了俗话所说的"家有丑妻，男人不遭横祸"。不过，吕布在此局势危如累卵之际，还在动着桑间濮上的淫荡念头，也真是属于死不改悔了。

秦宜禄心如明镜，知道吕布打的什么鬼主意，但是胳膊又岂能扭得过大腿？他横下一条心，与爱妻杜氏、幼子秦朗诀别，抱着必死的念头硬闯敌营，居然在夜色的掩盖下安然溜出城去。他一到淮南，也不提求救之事，直接说是前来投奔威德远扬的真命天子。袁术龙心大悦，封官赏爵不说，还把汉朝刘氏宗族的一名妙龄女子，许配给秦宜禄作妻室。至此，吕布第二次求救的事又成为泡影。

淮南的救兵盼不来，其他地方又没有可求的外援，此时此刻吕布才发觉：自己在社会上混了这么多年，竟然还没有一个真诚可靠的朋友。是世间上的人都奸狡巨猾呢，还是自己不值得信任呢？他搞不清楚，现在也没有闲工夫坐下来"三省吾身"，他必须把心思用在如何搞到外援上面。

朔风呼啸，云暗天低。吕布登上下邳的南门城楼，开始观察敌营封锁线的布置情况，因为今天晚上，他将有一个特别的行动。

经过冥想苦想，吕布觉得还是只有袁术那里有一线希望。而袁术至今未发兵，肯定是气愤未消，如果现在把自己的女儿送到淮南去完婚，不是可以冰释前嫌，获得袁术的救兵了吗？所以他将在今晚亲自出城，护送爱女冲过曹军的包围圈。事关重大，他必须先作一番考察。

当天深夜，吕布调集五百骑兵，每人身穿双重铠甲，全副武装。他在女儿全身四周裹上厚厚一层丝绵之后，用布带将她牢牢平绑在马背之上，再用双重铠甲盖住。一切准备停当，南城门悄然打开，领头的吕布便指挥骑兵，直往白天看准的敌军防守薄弱处冲去。

马队跃过深堑，如旋风一般接近敌军营地。就在这时，忽然曹营鼓角齐鸣，火把四处燃起，照得黑夜如同白昼，吕布的几百骑兵无所遁形。与此同时，无数张强弓大弩射出一阵又一阵密集的箭雨，吕布的骑兵因战马中箭，顿时倒下一大片。

原来，白天吕布在南门城楼上出现，早被曹军的观察哨兵报告上去，立即引起曹操的警惕，入夜在防守薄弱处加强了防备。吕布一冲出城门，便正好遭到对方的强力袭击。

眼看左右的战马纷纷倒地，对方的骑兵又开始整队准备发起反冲锋，吕布知道今晚已无法闯过曹营，连忙拨转马头，护着爱女逃回城中。回到自己的府邸，他一跳下马，先亲自割断布带，把爱女从马背上抱进内堂。可怜如花似玉一个女孩儿，因颠簸和恐惧弄得脸色煞白，精神恍惚，呆呆地看了父母好一阵，才哇的一声痛哭起来。吕布看得心如刀绞，从此打消了送女到淮南的念头。

外援毫无希望，而曹军加紧攻城，吕布愁得无计可施。这一日，他来到下邳的西门，也就是白门，登上城楼眺望。曹操大军是从西面杀来，所以白门面对的是曹军的大本营。吕布起眼一看，只见泗水由西北蜿蜒流向东南。水北岸的原野之上，营寨星罗棋布，壁垒坚固森严，壕堑纵横交错，显露出一阵阵杀气。朔风吹来，他不由得打了一个寒噤，心想：两年前我就是从此门杀进下邳，赶走刘备，入主徐州，难道今天我堂堂吕布就要困死在此吗？

吕布正思量间，城下的曹军又开始了新一轮的攻城行动，如蚂蚁一般的士兵涌过护城河，头顶盾牌、木板，在城墙外架设云梯，挖掘城墙，个个奋勇争先。吕布急令城上的守军丢礌石，抛滚木，砍云梯。忽然，城下的曹军之中射来一支羽箭，不偏不倚正好落在白门城楼之上。侍卫见那箭头上带有一件白色东西，赶紧跑去取下来交给吕布。

原来，这是一方裹着的白色丝绢，吕布展开细看，上面写有文字，竟是曹操给自己的劝降书。书信中保证他降曹后将会得到种种好处，不降曹则破城后斩杀全家！吕布看了，心中立即盘算开来，觉得投降也不失为一条出路，万一今后有机会再如杀董卓那样杀了曹操，保不准自己还要再当一回执政官呢。于是他走到城楼边上，对着攻城的曹军将士高声叫道："你们听着，我是吕布！大家不要再攻城了，我将出城投降曹公！"

楼高风大，吕布的第一遍喊声，城下的曹军将士并没有听清楚。他正要喊第二遍，不料背后有一个人猛然止住他，拉着他的手臂说："曹操是劫持天子的逆贼，叫他什么曹公！我们与曹操对抗多年，他视将军如眼中钉肉中刺，必欲除之而后快。今日将军降曹，便是自投罗网，岂能保全性命啊！"

吕布回头一看，见是陈宫。他觉得陈宫说的也是实话，便就势问道："公台既不赞成投降，那你又有何妙策？"

陈宫因为自己当初是策划反叛曹操而迎接吕布到兖州的主谋，知道曹操饶不过自己，所以反对吕布投降曹操。现在吕布问自己，他当然得拿出一个主意来，于是说道："曹操远来，带粮不多，势必不能坚持太久。如果将军率领数千精兵冲出城外安营扎寨，由我率领剩余人马据城坚守，曹操进攻将军，我便袭击其后背，他转头攻城，将军又在背后袭击他，不出一两个月，曹军粮尽，必然撤退，届时我们两面夹攻，即可大获全胜了。"

一席话说得吕布连连点头，并且补充道："我屯兵在外，还可出动骑兵截断曹军的粮食运输线，对方更不能持久了！"

吕布马上在城楼上宣布命令：由陈宫、高顺负责守城，自率主力从北门冲出，到城西北二十里处的沂水岸边建立营垒。当他匆匆赶回府邸，向家人说明情况时，他妻子的一番劝告，又把他的雄心化解得干干净净。她哭着说："将军您亲自出城去截断敌军粮道，当然是对的。不过陈宫、高顺二人素来不和睦，将军出城之后，二人势必不能同心协力保卫城池，一旦出现问题，将军又在什么地方立足啊？当初曹操在兖州，对陈宫极尽优待，他都还背弃了曹操。如今将军对待陈宫比不上曹操那样优厚，却想丢下完整的城池，抛开妻室儿女，孤军出城，如果城中发生变故，贱妾还能给将军当妻子吗！"

俗话说："儿女情长，英雄志短。"娇妻的话，使得吕布斗志全消。可是她只会说陈宫的主意使不得，自己又拿不出什么使得的主意。一连数日，吕布绕室彷徨，愁闷苦恼到了极点。

这时，又传来一个坏消息。广陵郡的太守陈登，有三个弟弟在下邳城内，被吕布扣为人质。吕布手下有一名叫作张弘的监察官员，看到下邳城危在旦夕，便动了改投新主的念头。他在夜晚打开自己看管的房间，放出陈氏三兄弟，并且带着他们翻越城墙逃往曹军大营。吕布得到报告，愁上加气，急火攻心，差一点吐出鲜血来。

城内的吕布日子不好过，城外的曹操同样也不轻松。曹操的数万大军，此前从荆州撤回许都之后，并没有得到充分的休整，便又长途跋涉赶到徐州，一到下邳即连续投入三场血战，接着又包围城池不断攻打，日晒雨淋，风餐露宿，确实疲乏到了极点。病患大量增加，士卒时有逃亡，厌战情绪在军中悄悄蔓延，对此曹操深为忧虑。他有心解围撤军回转许县休整，待明年春暖花开时再来攻打徐州，于是在大帐召集高级部下征求意见。

会上，不少人赞同曹操的想法，但是，有两位主要谋臣却坚决主张再咬牙坚持一下。两人中一位就是前面提到的荀攸，另一位是极受曹操赏识的郭嘉。郭嘉，字奉孝，豫州颍川郡阳翟县（今河南省禹州市）人氏。他是曹操手下谋士中最年轻的一位，擅长分析形势，并设计出非常符合曹操心意的策略，曹操曾经称赞他说："唯奉孝为能知孤意。"当下荀、郭二人共同发表意见道："吕布有勇无谋，而今三战三败，锐气已衰。三军以将为主，主将丧失锐气则军无斗志。陈宫有智计而反应迟钝，如今趁吕布的锐气尚未恢复，陈宫的计谋还未确定，全力急攻，必定可以打下城池擒杀吕布！"

二人说完，接着又向曹操进献了一个攻城的妙策。曹操听了顿开茅塞，疑虑尽消，随即吩咐依计而行。这一来，吕布就算死定了。

荀攸、郭嘉进献的妙计，可以用"引水灌城"四个字来概括。原来这下邳与小沛的地理情况相似，也位于二水交汇之处，西北为沂水，西南为泗水。不过，与小沛不同之处，一是下邳的地平面相当低下，二是下邳这两条江的水量更大。荀、郭二人正看到这两点，才想出一个水漫下邳的妙计来。

十月底，曹军开始掘开两江的堤岸，并且利用绕城挖掘的堑壕，引水灌城。顿时，下邳城外变成了一片泽国。在江水的浸泡之下，当时采用夯土法筑成的城墙，尽管又高又厚，也经不起大水的浸泡，于是不断发生坍塌。江水顺着缺口涌入城中，在水流的冲刷之下，缺口又不断扩大。江水灌进大街小巷，官署民房，下邳城中完全是汪洋一片。

官员，士兵和百姓，纷纷涌到高坡上，爬到房顶上，以躲避这灭顶之灾。惊叫声，哭喊声，再加上房屋的倒塌声，城中秩序混乱不堪。

到了这时，城中的人们，包括主将吕布，都知道下邳将要保不住了。这正是：

满城尽是滔滔水，吕布今朝要倒霉。

要想知道威风了一辈子的无敌飞将吕布，此番飞不飞得过灭顶的江水，最后的下场如何，请看下文分解。

第二十章

出降受死

　　曹操挖堤引水灌城，吕布与陈宫指挥守军拼死抵抗。进入十一、十二两个月之后，水势因河流水量下降而有所减少，所以吕布得以苦苦撑持到十二月的下旬。

　　这是一场忍耐和坚持的能力较量，一方是吕布，另一方是曹操。双方都竭尽全力坚持着，形成一种脆弱的平衡状态。只要有任何一点突发性因素扰动，平衡立刻打破，一方就会被另一方压倒。

　　十二月下旬，这种突发性因素在吕布内部出现了。

原来，吕布手下有一员统带骑兵的骁将，姓侯名成。这侯成作为并州旧部，本来对吕布还是相当忠诚的，但是在下邳陷入曹军包围之前所发生的一件事，却使他产生了二心。侯成手下的一个牧马人，偷了十五匹军马，准备赶到小沛去投靠刘备。侯成得了消息，亲自带领骑兵追捕，把十五匹上等战马全部追回。骑兵队同僚纷纷带上礼物前来祝贺，侯成大为高兴，拿出自己家酿的几罐美酒，又射猎了十几头野猪，准备好好招待大家一顿。酒宴开始之前，侯成好心好意要先孝敬一下主子，亲自带着猪肉美酒来见吕布，跪在地上说道："凭借将军的神威，末将近日得以追回被盗的战马，诸位同僚前来祝贺。末将自家酿得一点薄酒，猎得一些野猪，做成酒食，未敢先尝，谨奉呈将军以表微意。"

侯成满以为自己这番心意会受到吕布的赏赞，哪知道吕布却是一个不善于笼络人心的领导者，加上那几日又心绪不佳，一听侯成的话，反而勃然大怒，上前两脚就把侯成献上的酒肉踢翻，恶狠狠地骂道："如今粮食紧缺，我已经下令禁止用粮酿酒，你侯成胆敢违令不遵，还召集众将饮酒作乐，称兄道弟，你们莫非想一起造反谋杀我吕布吗！"

看到吕布如此愤怒，侯成吓得魂不附体，连忙起身退了出去。一溜烟跑回家后，先把客人带来的礼物一一奉还原主，并请他们尽快离开各自回家，接着又把私酿的美酒全部倒掉。从此侯成心中一直不安，总怕吕布放不过自己。下邳被围三月，上下离心，侯成暗中联络了两员吕布的得力部将，密谋倒戈投降曹操。这两员将领，一个叫宋宪，另一个叫魏续，二人平常都受到吕布的信任，魏续还是吕布的中表亲戚，但是到了这时也变心了。

建安三年（198年）十二月二十四日癸酉，这对吕布而言是一个特别的凶日，对曹操而言则是一个特别的吉日。

拂晓清晨，地冻天寒，大雪纷飞。侯成、宋宪、魏续三将，一同指挥本部骑兵，突然从骑兵营中起事，先后逮捕了住在营内的陈宫、高顺，然后从下邳城池的南门冲出，前往曹营投降。正和娇妻在温柔乡中大做好梦的吕布，得到紧急报告后急忙从玉床锦被之中跳下地，匆匆披挂上马，企图指挥卫队前往南门追击。可是已经晚了，曹军如潮水一般从南门涌了进来，沿着大街小巷向城内各处猛冲。吕布的卫队只有两三千人，哪里抵挡得住？他见势不妙，只得保护着家眷往西退却，最后登上了城西的白门城楼，据楼困守。

此时，旭日东升，视野清晰。吕布站在城楼之上，把下面的情况看得一清二楚。曹军已经几乎占领全城，四门洞开，对方正在调集精兵和攻城器械，准备对白门城楼发起最后的攻击。

下邳四座城门的城楼之中，要数白门城楼最为高峻，在上面远眺，不由人不产生遐思。此时此刻的吕布，可没有这样的好兴致，因为曹军的攻楼行动全面开始了。数千敌兵，身着甲胄，手执长矛、大戟和盾牌，沿着登城梯级不断向上突进；另一批敌兵，则在城墙内外两侧架设云梯，企图攀上城墙后，就近攻击城楼。城上的守军，早把礌石、滚木用得干干净净，弓箭也所剩无多，无法遏止住对方的强大攻势。眼见大势已去，吕布仰望青天长叹一声，对左右的侍从说道："你们把我的头颅割下来去献给曹操吧！"

当初西楚霸王项羽兵败垓下，逃往乌江渡口（今安徽省和县东北），不肯回转江东。他对刘邦的追兵说道："我听说汉王悬赏千金要我项羽的头颅，我把头颅送给你们去领赏好了！"说完便拔剑自刎而死。如今吕布想学霸王的风度，要送手下侍从天大的人情，可是人家霸王是自割头颅，而他却要别人下手来割，这就给侍从们出难题了，谁知道你是真心还是假意呢？所以难怪吕布说了这话之后，左右侍从只是面面相觑而并不动手。

其实吕布也确实不想死，娇妻爱女，美酒佳肴，珍珠宝玉，他舍不得的实在太多了。不过，一句豪言壮语都没有说就下楼投降，未免显得欠缺英雄气概。现在好了，我叫你们把我头颅割去，足见我吕布并非怕死偷生之人，是你们自己下不了手，而我却已经视死如归了一回。于是，他心安理得地走下城楼，宣布向曹操投降。曹军一拥而上，把吕布用绳索五花大绑，推往中军大帐向曹操请功去了。

接近正午时分，曹军完全控制了全城，秩序开始平定。曹操在文武官员和上千侍卫勇士的簇拥下，进入城中徐州的州牧府署，着手处置俘虏。他高坐在署堂正中，在旁边陪坐的则是前任徐州牧刘备。

不多时，被捆得结结实实的吕布、陈宫、高顺三人，被军校押到堂前。堂上的曹操尚未发言，堂下的吕布倒先开了口，他对曹操说道："从今以后，天下定矣！"

曹操一时莫名其妙，便问道："此话怎讲？"

吕布马上来了劲，傲然答道："明公，你最为担忧者不是我吕布吗？而我今天已经归顺服从了。从今以后，由我替明公统领骑兵冲锋陷阵，明公你自己指挥步兵，平定天下还会有什么困难呀！"

说完，他又转向刘备，说道："玄德，你为座上客，我为阶下囚。这绳索把我捆得如此之紧，你就不能替我说一句好话吗？"

刘备正欲回话，曹操却先笑道："捆绑猛虎，哪能不紧？"

曹操说完，便令左右侍卫与吕布松绑。刘备见曹操似乎有宽恕收容吕布之意，心中暗想：如果真是这样，不仅报不了吕布先后夺我徐州、小沛之深仇大恨，而且曹操从此将无敌于天下，自己哪还有出头得志之日？想到此处，他也顾不得当初吕布射戟营门的救命恩情，连忙阻挡曹操道："您难道没有看见吕布当初是如何对待丁建阳和董太师的吗？"

曹操听了此言猛然醒悟：是呀，从前丁原和董卓，与吕布恩同父子，情逾骨肉，到头来吕布依然忍得下心亲手杀死他们，如果自己收容了这个反复无常之人，岂不是自造心腹之患，步了丁、董二人之后尘吗？他立即喝住侍卫，不让他们与吕布松绑，并且当场下令：将吕布推出大堂，用丝带勒死。吕布自知死期已到，也不再哀求宽恕，只是在被推出大堂时，对着刘备说了他一生中的最后一句话："这个大耳朵家伙，是最不可信任的！"

处置了吕布，曹操这才开始问陈宫："公台，你平常总是自夸足智多谋，今天觉得怎么样啊？"

陈宫朝吕布走出的方向一望，回答道："只因为此人不听我的计谋，才会弄到如此地步，如果他听了我的计谋，未必就会成为你的俘虏。"

　　曹操微微一笑，又问："你自己如今成了这样，想拿老母亲怎么办？"

　　陈宫不假思索，立即答道："我听说以孝道治理天下者不会杀戮别人的父母，老母亲的生存与否，取决于明公，而不取决于我陈宫。"

　　曹操紧接着再问："那你想拿妻室儿女怎么办？"

　　陈宫又应声答道："我听说将在天下推行仁政者不会灭绝别人的后代，妻室儿女的生存与否，也取决于明公，而不取决于我陈宫。"

　　曹操不再说话。陈宫自请出外接受死刑，曹操爱惜其才能胆气，站起身来流着眼泪送他走出大堂。陈宫并不回头，与高顺一起被处死。曹操传令：把吕布、陈宫、高顺三人的头颅砍下，装入木匣，用驿车急送到许都，去向朝廷报捷，然后悬挂在市场上示众。此后，陈宫的老母，由官府供养终身；曹操又代为办理陈宫女儿的婚事，对陈宫家属的厚待胜过当初。

　　处置了吕、陈、高三个"首恶元凶"之后，曹操宣布：吕布的文武部属愿投诚者，一律赦免其罪；愿为朝廷效力者，一律欢迎不加歧视。吕布的部下于是纷纷改投新主，这批人当中后来成了曹魏显贵的至少有以下三位。

其一是陈群。陈群字长文，豫州颍川郡许县人氏。他后来历事魏王曹操、魏文帝曹丕、魏明帝曹叡三朝，官至三公之一的司空，辅佐朝政，封为颍阴侯。魏晋南北朝时期人才选任上通行的"九品中正制"，又称"九品官人之法"，就是由他创议建立的。

其二是袁涣，就是不肯替吕布写信骂刘备的那一位。曹操晋封魏王，袁涣担任魏王的郎中令，负责邺城王宫内的警卫，足见曹操对他之信任。可惜其人早死，不然还要升任高官，担任更为重要的职务。

其三是张辽。上面已经提到过此人。张辽转归曹氏之后，军事才能得到了充分的展现，屡建奇功，魏文帝时升任前将军，封为晋阳侯，被视为朝廷保障，受到特别的赏赐优待，他人难比。

除了以上三人之外，曹操对于吕布手下的其他人才也大力收揽，放手使用。从以下这个小故事中，我们对于曹操何以能够消灭吕布等割据群雄统一北方，可能会有更深刻的认识。

当初曹操在担任兖州牧的时候，曾聘请一位名叫毕谌的人为幕僚。这毕谌乃兖州东平国（治所在今山东省东平县东）人氏，才德俱佳。陈宫、张邈叛变曹操迎接吕布到兖州，张遽把毕谌的老母、胞弟、妻室、儿女全部劫持为人质，以逼迫在曹操身边的毕谌叛逃。曹操得知此事后，主动让他离开，对他说："您的老母在那边，可以放心前去的。"

毕谌立即跪地叩头，表示绝无二心，曹操很受感动，不禁泪流满面。谁知不久之后，毕谌就为了老母亲悄悄前去投奔吕布，曹操当时气得怒发冲冠，发誓今后抓住毕谌，一定要碎尸万段。

毕谌投了吕布并未受到赏识，一直默默无闻。下邳陷落，毕谌被生擒活捉，也被押到州牧府署来受审。众人都认为此番他必死无疑，不料曹操注视了他一会，反倒命人解开其绳索，上前握住他的手说："一个人能够孝顺父母，难道还不能忠于他的君主么！您正是我一心访求的人才啊！"

毕谌听了感激涕零，连连叩头谢恩。曹操随即宣布：任命毕谌为豫州鲁国（治所在今山东省曲阜市）的国相。免于处死不说，还平地青云当了二千石一级的显官，你说毕谌今后还能不死心塌地效忠曹操吗？一勇之夫与一代英雄之区别，恐怕这识拔人才是最主要的一项了。

处置了敌方人员，曹操开始奖赏自己一方的将士。广陵邵太守陈登，加授伏波将军，镇守江、淮一带。豫州牧刘备，升任左将军，这是吕布死后空出来的高级军职，给予刘备颇为恰当。刘备跟随曹操回朝，这才有了接受献帝衣带诏、煮酒论英雄的种种历史故事。其余官兵，或升官，或发财，也不必细说。曹操在下邳大宴将士十天，同时重新任命了当地各级军政官员，然后拔寨启程，凯旋回转许都。

临行之前，四十四岁的曹操，并未忘记做一件风流情事，作为自己对自己的奖赏。此事与武圣人关羽关云长竟然也有关系，而且史书上的记载言之凿凿，所以也不得不"从实招来"。

上文说到秦宜禄奉吕布之命，到淮南向袁术求救，从此一去不归，家中留下了一位国色天香的娇妻杜氏，以及幼子秦朗。刘备率关羽、张飞、赵云等将领助攻下邳，此时关羽尚未成家。他得知杜氏貌美，便多次请求曹操，城破之后让自己娶杜氏为妻。汉末天下大乱，战胜者把战败者的妻妾掠为己有本是常事，所以关羽第一次提到此事时，曹操并未在意，随口便应允下来。临到下邳快要陷落之际，关羽又接连说起此事，那曹操是何等精明的角色，心里马上就起了疑：关羽如此留意的女子，莫非是绝色佳丽？当下口中便含糊其词不置可否了。一待城破之后，曹操立刻派出专人前往秦家，用帷车接来杜氏，一看果然有沉鱼落雁之容，闭月羞花之貌，他哪里舍得送与他人，遂留下杜氏作为自己的小妾。关羽虽然愤恨曹操的食言，却也拿他无可奈何。

　　杜氏此后又为曹操生下二子。第一子曹林，曾封为沛王；第二子曹衮，曾封为中山王。曹操又把杜氏此前所生的幼子秦朗，接回家中抚养，宠爱不亚于亲生骨肉。每逢宴饮宾客，他总要把秦朗带出来见客，并对众人夸耀说："世间上宠爱他人的儿子者，还有比得上我的吗？"

　　曹林的孙女，嫁与魏末大名士嵇康为妻，所以嵇康要坚决反对篡魏的司马昭，结果被司马昭处死，演出了一出《广陵散》成为绝响的悲剧。不过这些都是题外的话了。

　　建安四年（199 年）的正月，新年伊始，春寒料峭。曹操带领文官武将，步出巍峨高峻的白门，在城西的泗水渡口上船，离开下邳，溯江而上前往兖州。在回许都之前，他先要到兖州的黄河沿线视察，预作布置，因为黄河以北占据了冀、幽、并、青四州之地的袁绍，已经与他彻底决裂，正准备发动精兵十万南渡黄河，与他争夺北方的控制权。此时此刻的曹操，对袁绍并不畏惧。他坐在船舱之上，望着渐渐远去的白门城楼，心想：幸亏我抓紧机会在此消灭了吕布，从而完全控制了兖、豫、徐三州，打下了能够与袁绍相抗衡的雄厚基础，不然的话，也只有如吕布一般，在白门楼成为他人刀俎上的鱼肉了。想到这里，他不禁心中感叹："吕布啊吕布，你确实是我曹操迄今为止最为强劲的对手啊！"

清波浩渺，旭日东升，白门城楼缓缓消失在万道霞光之中。

历史舞台上又拉开新的一幕，一场曹操和袁绍的双雄大决战，即将开始了。这正是：

飞将威风长逝去，双雄争战又翻新。

本书至此结束，读者诸君如果意犹未尽，请看本系列的其他作品。

附录一

吕布大事年谱

公元	干支	帝王年号	大　　事
160	庚子	汉桓帝 延熹三年	吕布约在此年出生
189	己巳	汉少帝 光熙元年	三十岁左右。七月，随并州刺史丁原赴河内郡，时任丁原主簿。不久随丁原进入京城洛阳。八月，受董卓收买，杀丁原，升任骑都尉
190	庚午	汉献帝 初平元年	三十一岁左右。正月，关东诸侯起兵声讨董卓。二月，献帝西迁长安。受董卓之命，发掘洛阳陵墓掠取珍宝

公元	干支	帝王年号	大　事
191	辛未	初平二年	三十二岁左右。二月，受董卓之命，与胡轸迎战孙坚于阳人聚，败。再战于洛阳，又败。四月，随董卓西撤长安
192	壬申	初平三年	三十三岁左右。四月二十三日辛巳，与司徒王允等刺杀董卓于未央殿，升任奋威将军，仪比三司，假节，封温县侯，与王允共秉朝政。五月，董卓部将李傕、郭汜等，自关东反攻长安，聚众十余万，自二十三日起围城。六月初一日戊午，长安被围八日后陷落，吕布南逃，经武关奔南阳郡投靠袁术。不久去河内郡投靠张杨，又北上冀州投靠袁绍
193	癸酉	初平四年	三十四岁左右。七月，为袁绍进攻黑山军，大胜。与袁绍发生矛盾，拟再至河内郡投奔张杨。行前遭到袁绍所派武士行刺，幸免。途中绕道陈留郡拜访张邈
194	甲戌	汉献帝兴平元年	三十五岁左右。四月，张邈、陈宫举兵反曹操，迎吕布入主兖州，据濮阳。曹操自徐州回军，争夺兖州。八月，大破曹操于濮阳。双方粮尽，各自退兵。九月，率军转移至山阳郡
195	乙亥	兴平二年	三十六岁左右。正月，在定陶县败于曹操。夏，在巨野县败于曹操。与陈宫自东缗合攻曹操，又大败。东奔徐州投靠刘备，屯于下邳城西

续　表

公元	干支	帝王年号	大　　事
196	丙子	汉献帝 建安元年	三十七岁左右。六月，偷袭徐州，攻占下邳。刘备请降。吕布自称徐州刺史。部将郝萌造反，被平定。袁术遣军三万攻刘备，吕布前往救援，射戟营门。刘备扩军，吕布率军攻之，刘备败投曹操。袁术求婚，许之
197	丁丑	建安二年	三十八岁左右。二月，袁术称帝于寿春。夏，袁术遣使者韩胤通报称帝事，并求迎女完婚。陈珪劝阻，追回女儿，囚送韩胤至许都。朝廷任之为左将军。大败袁术军，追击至淮南钟离县而回。全据徐州，称雄淮泗
198	戊寅	建安三年	三十九岁左右。九月，遣高顺、张辽攻占小沛，刘备西逃。十月，曹操率大军来攻徐州。出兵迎战，三败，守城不出，遣使至淮南袁术处求救。十一月，曹操引沂水、泗水淹下邳。十二月二十四日癸酉，下邳城破，与陈宫、高顺一同被俘，被缢杀。曹操完全控制黄河下游兖、豫、徐三州，转而与袁绍决战，争夺北方控制权。 至此，吕布在群雄中的十年拼杀彻底结束

三国彼此有姻缘

魏、蜀、吴三国，在战场上是血火相争的死对头，但是暗中又有一根月老的婚姻红线，将它们联结起来。先来看曹魏与蜀汉。据史籍记载，刘备早年投靠在曹操屋檐下时，张飞在沛郡的野外遇到一名砍柴采果的少女，带回去娶为妻子，生了两个女儿，后来都成为蜀汉后主刘禅的皇后。这位少女是夏侯渊的侄女，而夏侯渊与曹操是连襟，他妻子是曹操妻子的妹妹。另外，曹操的祖父曹腾是宦官，不能生育，从夏侯家抱来一个养子，就是夏侯渊的族父，曹操之父曹嵩。这样一来，蜀汉的皇族，实际上就与曹魏的皇族成了亲家。再来看曹魏与孙吴。曹操为了笼络孙策，将弟弟的女儿嫁给孙策的小胞弟孙匡，义为儿于曹彰，娶了孙策堂兄孙贲的女儿为妻。孙权为了麻痹曹操，假意称臣，曹操派使者修好，还决定再联一次姻。这样一来，曹魏的皇族，就与孙吴的皇族也成了亲家。至于蜀汉与孙吴，孙权将亲妹子嫁给刘备当夫人，这大家都知道，就不用多说了。由此可见，三国之间的争战，也可以说是三方亲家之间的恩怨情仇和大打出手了。

三国一尺的长度

史书明确记载诸葛亮"身长八尺"，以往学者凭借文献的记载来推算，得出当时一尺约为现今的 23 厘米。但是此后大量出土古尺实物的数据证实：三国一尺，约为现今的 24 厘米。1984 年安徽马鞍山市孙吴大将朱然墓，就出土了三国尺的实物，长度正是 24 厘米。以此为准，孔明身长八尺，约合今 1.92 米。刘备身长七尺五寸，约合今 1.80 米。曹魏虎将许褚八尺有余，约合今两米。诸葛亮籍贯在今山东，"山东出高个"，这是今人的总结。但是古代的山东也出高个子，确凿载于正史者，还有孔子和东方朔。《史记》说"孔子身长九尺有六寸"，东周一尺合今 23 厘米，九尺六寸约合今 2.20 米，即使有所夸大，两米的身高总是有的，可见圣人不愧是一位"高人"！东方朔，家乡在西汉平原郡厌次县，即今山东惠民县。《汉书》记载他"长九尺三寸"，这出自他本人向汉武帝上书的自我介绍，完全可以当面核查，所以他绝对不敢虚夸。西汉每尺约合今 23 厘米，九尺三寸约合今 2.14 米。与孔子、东方朔和许褚相比，孔明的 1.92 米，又不算多么特别的了。

男性也抹粉

　　面部抹粉，在三国不是女性的专利，男性也在安心享用。男性抹粉，有两种情况。一是日常美容。如在曹魏后期担任要职的美男子何晏，很有自恋的情结，常常在脸上抹粉美容，在阳光下走路时还要时时顾盼自己身影的姿态如何。放在现今，嘴上尖刻的网友会说他是"娘炮"。其实，他的脸色天然就很白皙，不需抹粉也很好看，所以他的抹粉，很可能是在发现自己脸色出现暗沉之时，略施粉白以掩饰缺陷而已。二是登场表演。例如大文豪曹植曹子建，与当时的名流邯郸淳见面，为了给对方一个非同凡响的印象，先不与之见面交谈，而是闭门沐浴抹粉，精心化妆一番，然后缓步登堂，充分表演：先是大跳西域裸舞，再玩抛球杂技，武术击剑，长篇朗诵。表演完毕，进入内室卸装，穿戴齐整，再登堂入座，从容与对方纵论天地万物，文武之道，果然使得邯郸淳大为震撼，惊叹他是"天人"！

火井与盐井

　　三国的蜀汉，已经熟练使用地下的天然气，但主要用途，不是普通居民家中煮饭烧菜，而是官府食盐生产工场中的煮盐。现今的四川盆地，至少在西汉末期已经发现天然气，称为"火井"。三国时期的临邛县，即今四川省成都市南边的邛崃市火井镇一带，不仅有火井，还有盐井。汲取地下深层盐井的卤水，就近利用火井的火焰烧煮，一斛水可以产出五斗盐，按体积计算，出盐率高达百分之五十，而且质量极佳。相传诸葛亮曾经亲临视察当地的火井，而火井也很为孔明丞相争气，从此火势更加充足旺盛。蜀汉专门为此设置官职，叫作"司盐校尉"，主管盐业的垄断性生产和专卖，其收益极为丰厚，为国家税收的主要来源之一。

假发流行

　　三国时期的另一个流行性时尚，就是制作和使用假发。在孙吴的宫廷中，假发已经不是稀罕之物。孙吴末代皇帝孙皓，宠爱他的张夫人，不听朝政，昼夜取乐。取乐的方式很特别，是命令宫廷能工巧匠，制作上千件漂亮首饰和假发髻，让宫女们戴上，再"相扑"，即相互扑打，看谁最厉害，能够打败对方。首饰、假发髻被打坏了，重新再做就是。孙吴大臣薛综向孙权上奏，说是西汉元帝之时的珠崖郡，即今海南岛北部，就有行政长官看到当地女性的头发又长又亮，强行将其剃光，送到内地制作假发，供贵族妇女打扮之用。这一野蛮行径遭到珠崖郡民众强烈反抗，最后竟然导致珠崖郡这一行政区被下令撤销。薛综曾在当地担任行政长官，其叙述完全可信。孙皓大量制作假发所必需的漂亮长头发，极有可能也来自孙吴所辖的朱崖郡，即今海南岛地区。

官印与传国玉玺

现今经常看到三国影视画面上的官印，放在桌上几乎有人头一样大，这完全不是历史的真实。两汉、三国的官印，按规制是见方一寸，习称为"方寸印"。现今考古发现的三国古印实物，也完全证实了这一点。当时的一尺，相当于现今24厘米，所以一寸合今2.4厘米，大概是成人一个半指节的长度。至于官印的材质，以及系在印纽上绶带的颜色，也因爵位和官阶的不同而不同。皇室亲王是金玺缥绶；皇室公爵，各类侯爵和顶级高官，均是金印紫绶；次高级官员是银印青绶；中级官员是铜印墨绶；低级官员是铜印黄绶。官印由中央专门机构统一按规定制作。官员平时办公时，将印绶佩带在身上，官印即可随时取用。

不仅官印是如此，就连皇帝专用的玺印，尺寸也是如此，故有"方寸玺"之称。史籍记载，孙坚攻入洛阳时得到西汉高祖传下来的"传国玺"，其大小是"方圜四寸"。所谓方圜四寸，即方形的周长共计四寸，正好每边一寸。1981年江苏扬州市邗江区出土的东汉初期广陵王金玺，正方形，边长2.3厘米，正是当时的一寸。至于三国的私人印章，尺寸比官印还要小一点。2010年5月河南省孟津县出土曹魏大将曹休的个人私印，正方形，边长就只有2厘米。

对于非常著名的传国玉玺，范晔《后汉书·徐璆传》以及同传注引卫宏之语，对其记载甚为细致翔实，归纳起来要点有五：

一是传国玉玺为秦始皇所制，以蓝田美玉，镌以李斯所书"受命于天，既寿永昌"八字；玉玺见方一寸，故称"方寸玺"或"传国玺"。

二是秦亡，汉高祖得而佩之；经王莽、赤眉等，辗转至东汉光武帝之手。

　　三是董卓之乱，袁术的部属孙坚攻入洛阳，得于井中；袁术获知孙坚得玺，乃拘捕其妻为人质，于是玉玺落入袁术之手。

　　四是袁术暗中有割据称帝之心，获得传国玉玺之后，更以为是天意垂顾，所以得意非常；于是在与曹操会面之时，提起玉玺的绶带，将玉玺举到肘部的位置，向曹操炫耀。

　　五是袁术病死，徐璆取得玉玺，到达许县，进献给曹操控制的东汉朝廷。

　　东汉之后，传国玺相继为曹魏、西晋皇朝所得。西晋末年大乱，又曾落入刘聪、石勒、冉闵之手。东晋穆帝永和八年（352年）八月，冉闵之子冉智归降东晋，传国玺为东晋王朝所得。经南朝宋齐梁陈四代，复归隋、唐皇朝。武则天时，皇帝所有用玺，包括传国玺在内，一律改"玺"称"宝"。唐玄宗天宝十载（751年），"传国宝"又改称"承天大宝"。

　　关于传国玉玺的八字镌文，史书所载略有歧异。《三国志·孙坚传》裴注引虞喜《志林》作"受命于天，既寿且康"；沈约《宋书·礼志五》引卫宏《汉旧仪》作"受天之命，皇帝寿昌"。考《晋书》的《穆帝纪》及《谢尚传》，东晋皇朝获得传国玺，举国以为大事，朝廷甚至派出三百精锐骑兵前往边境迎接，护送回京城建康。而《穆帝纪》明确记载，此玺的镌文是"受天之命，皇帝寿昌"，与沈约《宋书》引卫宏《汉旧仪》，以及《隋书·礼仪志六》完全相同。此玺既然重新现身于东晋，而且受到朝廷的极度尊崇，那么根据晋朝史料编撰的《晋书》，其记载应当更符合真实。

不过，镌文虽有歧异，其宗旨都在于强调"君权神授"或"君权天授"，从而使得君权获得充分的合法性和崇高的神圣性。因此，传国玉玺作为君权的特殊象征，格外受到历代皇朝的珍视。

杀魏倭土

古日本与中国，早在汉代就有往来。1784年日本福冈县的志贺岛上，曾出土东汉皇朝赏赐的"汉委奴国王"金印一枚，其中的"委"即"倭"字。但在正史中专篇记载日本古史及其与中国关系者，则以西晋陈寿的《三国志·倭传》为最早。后来南朝范晔撰写《后汉书·倭传》，主要内容就取自前者。据前者记载，当时辽东幽州东南的大海中，与中国有通使往来的，有30多个小岛国。这些小岛国，都归一个名叫邪马台的大国统属。邪马台国的居民有7万多户，原本由男性当国王，后来国内大乱，一位名叫卑弥呼的女强人开始当国王。魏明帝景初三年（239年）六月，倭国女王派特使到曹

魏京城洛阳朝见。当年十二月，继位的小皇帝曹芳，下诏封
倭国女王为"亲魏倭王"，赐予金印紫绶，以及大量丝织品、
黄金、宝刀、铜镜等贵重物品。卑弥呼死后，出现第二位名
叫壹与的女王，也曾派遣使者到洛阳进献珍珠等物。

西域火浣布

魏文帝曹丕重新开通西域之后，西域曾给曹魏进献了一
种稀罕之物，叫作"火浣布"。这是景初三年（239 年）二月
的事，比倭国女王特使到达的六月还要早一点。东面海上的
倭国来朝，西面陆上的西域来朝，这一年的曹魏朝廷很是热
闹。所谓"火浣布"，就是弄脏了能用火来洗干净的布。放在
火上烧，烧了抖抖灰尘，就会洁白如新。其实，这就是现今
的石棉布，原料来自地下矿产的石棉纤维。现今四川省的石
棉县，就因盛产石棉而得名。但是，三国时这是极为稀罕之
物，西域的进献者就说出自他们那里神奇植物的树皮，或者
神奇动物的毛皮，总之神乎其神。汉武帝开通西域，曾有极
少的火浣布进献，后来西域通道断绝，这东西就成为传说了。
魏文帝曹丕，就认为世间上绝无此等异物，还写在他的文集
《典论》中。不料在他死了之后，这种神奇之物真的送到了朝
廷，八岁的小皇帝曹芳，立即召集群臣，在朝堂之上放火焚

烧测试，结果确实并非虚言。君臣惊讶欢庆，总算在当年正月初一魏明帝驾崩之后，给朝廷添了一点轻松愉快的气氛。

锦帆贼、蜀锦与锦官

《三国演义》第三十八回，介绍孙吴悍将甘宁说："又尝以西川锦作帆幔，时人皆称为'锦帆贼'。"这"锦帆贼"的绰号，虽然与李商隐"锦帆应是到天涯"诗句一样，颇具浪漫的色彩，然而却是美丽的误说。其史料来源，是《三国志·甘宁传》裴注引《吴书》："宁步则陈军骑，水则连轻舟，住止常以缯锦维舟，去或割弃，以示奢也。"意思是说，甘宁率众出外时，走陆路就排列骑兵队伍，走水路则轻舟接连不断，停船时常用价格昂贵的缯锦作为缆绳来系船，离开时站在船上用利刀割断缯锦，将其丢弃之后就开船，以示自己的奢侈。所谓"缯锦维舟"，即以丝锦系在舟上，而下文"去则割弃"，则证明缯锦是作为船缆而非船帆，否则船帆被割掉丢弃后，这轻舟还能够乘风前进吗？《演义》没有联系上下句读懂史文，便认为与隋炀帝一样是用丝锦作船帆，这样描写美则美矣，可惜却是误说。

虽然"锦帆贼"是误说，然而三国时西蜀盛产丝锦，却一点都不假。益州自汉代以来，就是丝锦生产中心。刘备攻占益州，用官方库房中囤积的丝锦赐给功臣，单是诸葛亮、法正、关羽、张飞四位，就各赏赐一千端，每端长度为两丈。诸葛亮治蜀，在成都南郊设置集中管理丝锦作坊的锦官，专门负责丝锦生产，从此成都又有"锦官城"的别名。丝锦作坊的所在地称为"锦里"，锦里旁边的江流则称"锦江"。丝锦是蜀汉的王牌商品，远销孙吴、曹魏，丰厚收益是军国费用的主要来源。蜀亡之时，国库还存有"锦绮、彩绢各二十万匹"之多。曹魏虽是蜀汉的敌国，对蜀锦却非常欢迎，大量购买。倭国女王来朝，曹魏的赏赐就有珍贵的锦和绢，应当就是来自蜀汉的特产。蜀汉把织锦辗转卖到曹魏，取得大量收益，反过来又用这些收益，来支持北伐曹魏的战争，这种运作模式是不是有一点奇葩的色彩啊！

刮骨疗毒与华佗之死

后世津津乐道的关羽刮骨疗毒，历史上确有其事，见于《三国志·关羽传》。但是，对关羽进行刮骨疗伤的究竟是何方神医，传文中并没有明确交代。《三国演义》第七十五回，说主刀者是神医华佗，时间在关羽进攻樊城水淹七军之时。然而据现今的学者考证，华佗被曹操处死，时在建安十三年（208年）。因此，建安二十四年（219年）关羽水淹七军的时候，华佗已经死了十一年之久，由他来治疗关羽绝无可能，所以这也是美丽的误说。

华佗是我国古代最为杰出的全能型医疗和保健学家。不仅内外妇产儿，科科医术精湛，而且还擅长保健养生。体外的健身，他是中国第一套多动作组合式健身体操，即"五禽戏"的发明者；体内的养生，他还留下最早的养生兼养颜的秘方，即漆叶青黏散。他的贡献很巨大，而命运却很悲惨。他不幸生在医生地位卑下的极度官本位时代，皇朝统治下的人群，分为"士农工商"四等。士，即未来要当官的知识分子，算是最高的第一等。农工商三者，又有本末之分。解决基本生存问题的农，被视为本业，是较高的第二等；余下的工商，被视为末业，是低级的第三、第四等。医生，被归入工的大类，比农民还低一等，哪里有现今的医生吃香啊？在陈寿的《三国志》中，华佗竟与看相、算命、占卜者归类在同一卷之中，就是具体的证明。华佗本是通晓儒经的士人，后来迫于生计而行医，却经常后悔，"耻以医见业"，即以从事低贱的医业为耻。正是有了这样的心结，他才对曹操的随意驱使产生反感情绪，借故妻子有病，不去为曹操服务。也正是由于这样的等级观念，曹操才对华佗极其轻视，说是天下难道就再找不出这样的鼠辈贱人了么！于是，华佗就惨死在曹操的屠刀之下，酿成史上最著名的医患纠纷悲剧。

华佗，本名敷。"敷"字的意思是分布，与他的表字"元化"，即基本的教化，在含义上具有联系。之所以被称为华佗，根据真正的史学泰斗陈寅恪先生精细考证，是源于佛教文化的影响：当时"华佗"二字的读音，与梵语中药物一词"阿伽陀（agada）"的后面两个音节相同，所以"华佗"其实就是"药神"之意，这是人们对他极其崇敬的特殊称呼。